Ferramentas de Avaliação de Performance com Foco em Competências

Maria Odete Rabaglio

Ferramentas de Avaliação de Performance com Foco em Competências

Copyright © 2015 by Maria Odete Rabaglio

Todos os direitos em língua portuguesa reservados à Qualitymark Editora Ltda.
É proibida a duplicação ou reprodução deste volume, ou parte do mesmo, sob qualquer meio, sem autorização expressa da Editora.

Direção Editorial	Produção Editorial
SAIDUL RAHMAN MAHOMED	EQUIPE QUALITYMARK
editor@qualitymark.com.br	

Capa	Editoração Eletrônica
WILSON COTRIM	ABREU'S SYSTEM

Ilustrações/Miolo
RÊ

1ª Edição: 2004	2ª Edição: 2006	3ª Edição: 2010	4ª Edição: 2015
1ª Reimpressão: 2004	1ª Reimpressão: 2008		

CIP-Brasil. Catalogação-na-fonte
Sindicato Nacional dos Editores de Livros, RJ

R111f

Rabaglio, Maria Odete
  Ferramentas de avaliação de performance com foco em competências / Maria Odete Rabaglio. – Rio de Janeiro: Qualitymark Editora, 2015.
  144 p.

  Inclui bibliografia
  ISBN 978-85-414-0194-4

  1. Pessoal – Avaliação. 2. Padrões de desempenho. 3. Desempenho. I. Título.

06-2769

CDD 658.3125
CDU 68.311.084.3

2015
IMPRESSO NO BRASIL

Qualitymark Editora Ltda.
Rua Teixeira Júnior, 441
São Cristóvão – Fax: (21) 3295-9824
20921-405 – Rio de Janeiro – RJ

www.qualitymark.com.br
E-mail: quality@qualitymark.com.br
Tel.: (21) 3295-9800
QualityPhone: 0800-0263311

Dedicatória

Em primeiro lugar dedico a Deus me possibilitar encontrar tempo e inspiração para a realização de projetos que possam contribuir com a Gestão e Desenvolvimento de Pessoas.

Para minhas filhas: Tiara Rabaglio Peres e Larissa Rabaglio Peres, meu neto Henry, que são a fonte da minha vida e me levam a desejar fazer com que a minha história seja uma fonte de inspiração, força e determinação para a vida de delas, pois tive o privilégio de ter na minha mãe um exemplo similar.

Para minha equipe, amigos e parceiros, com quem troco, compartilho e comemoro as minhas vitórias e as deles.

Para meus clientes, fonte de muito aprendizado, enriquecimento e desenvolvimento. Costumo dizer que minha maior escola é a "Unicliente", que me desafia continuamente e me conduz à busca de soluções para os mais diversos problemas, me permitindo crescer, aperfeiçoar e desenvolver nos mais diversos temas de Gestão de Pessoas e entregar soluções desafiadoras sob medida para cada necessidade específica.

Minha gratidão e cumprimentos a todos que de alguma forma contribuem com o meu crescimento e da minha carreira em busca de técnicas e ferramentas para gerir e desenvolver Pessoas.

Prefácio

As grandes nações e organizações de forma geral vivem em busca de uma cultura de alta *performance*, seja ela por questões da globalização, diferenciação ou mesmo de sobrevivência. Mas nem tudo está perdido: em meio de tantos bombardeios, mudanças drásticas, acelerações e desacelerações abruptas, é natural que a essência dessas organizações, e aqui entenda-se pessoas, estejam desnorteadas, e essa desorientação talvez seja a provável causa de tanta discórdia, insatisfações e consequente baixa produtividade. No entanto, isso é muito simples de ser entendido, pois falta "norte" para a grande maioria dos gestores de pessoas nas organizações, e se não temos a direção, é compreensível porque muitos estão perdidos. Por outro lado, a mudança em si é mais desafiadora, mas possível, pois à medida que estabelecemos com as pessoas o que delas esperamos, o norteamento das metas e objetivos torna-se imprescindível para a melhoria das relações de trabalho, e logicamente o aumento de possibilidade para as chamadas culturas de alta *performance*, que é a otimização do foco em resultados levando-se em consideração o foco em pessoas. Entretanto, a ausência de um desses focos, seja ele resultados ou pessoas, torna esse processo suscetível ao fracasso das organizações, se bem que a prática irá criar exemplos para contrapor essa afirmação.

Diante de tudo isso, valem algumas reflexões aos atuais e futuros gestores:

Que organizações estamos criando e que organizações de fato queremos criar? Será que essas novas configurações de organizações trarão duas das principais características presentes da atual geração, que são o hedonismo e narcisismos, quando o prazer é direcionado ao máximo de resultados sem se importar a que custo esses resultados são alcançados, somasse a esse, de que nada é mais importante e único do que o "ego", seja ele de pessoas ou de organizações?

E pra finalizar: Você teria coragem de convidar seu filho para trabalhar nessa organização que você está criando?

Tais questões me possibilitam uma ponte entre o contexto em que estamos inseridos e a proposta da autora, pois acredito que vai muito além do que a princípio detectamos.

Quando recebi o convite para prefaciar esta obra, lembrei-me das boas conversas que se iniciaram há mais de dez anos, entre amigos, consultores e profissionais de recursos humanos. Já naquele tempo havia uma certa inquietação a respeito de avaliação e da mensuração de resultados, inclusive dos nossos próprios resultados. E confesso que daquele grupo, a Maria Odete era certamente uma das mais incomodadas com esta questão, quem sabe foi aquele o primeiro sinal de que ela se dedicaria de corpo e alma para responder as suas e também as nossas inquietações.

Certamente esta obra contribuirá a todos aqueles que sejam "antigos" ou "novos" na gestão de pessoas, consultores ou profissionais de recursos humanos que queiram de fato criar critérios para o desenvolvimento das competências daqueles que tornam uma organização diferenciada, ou seja, pessoas.

Estou convicto que tal contribuição nos ajudará a criar empresas para os nossos filhos, amigos, parentes, conhecidos e desconhecidos, enfim, para pessoas.

Prof. Adilson Souza
Sócio-diretor da Estação RH Consultoria Empresarial

Agradecimentos

Agradeço a Deus em primeiro lugar por me presentear com a inspiração necessária para desenvolver ferramentas de desenvolvimento de pessoas.

Agradeço a minha família, minha equipe, meus amigos, clientes e os demais que possam se beneficiar das ferramentas aqui divulgadas com verdadeira intenção de contribuir com Pessoas, Empresas, Mercado e Resultados.

Agradeço a cada cliente que com seu histórico contribuiu para inspirar o desenvolvimento de cada ferramenta construída para solucionar problemas específicos.

A maior inspiração sem nenhuma dúvida é o cliente, agradeço a parceria de cada um por ter compartilhado do seu universo, que me desafiando permitiu aprender e ensinar, e esta relação é indescritível, produtiva e realizadora.

Agradeço ao cliente que com seu critério minucioso, identifica a objetividade das ferramentas aqui apresentadas e entende que estamos em busca de ferramentas objetivas, personalizadas, consistentes e mensuráveis.

Agradeço ao cliente que está trabalhando pela redução da subjetividade na Gestão de Pessoas e entregando ferramentas objetivas, que possam ser utilizadas por qualquer profissional, de qualquer formação.

Agradeço ao profissional de Recursos Humanos que esteja defendendo sua área com garra, profissionalismo, respeito pelo cliente interno e todas as competências necessárias para interagir de forma eficaz e estratégica, mostrando o quando pode contribuir com resultados.

Agradeço e dedico a todos que puderem compartilhar e disseminar essas ferramentas ao seu público alvo, envolvendo e comprometendo a todos na Gestão e Desenvolvimento de Pessoas.

Agradeço mais uma vez a Deus, a quem peço todos os dias que esteja no controle de todas as minhas ações.

Maria Odete Rabaglio

Avaliação com Foco em Competências: Por quê?

Palavras da Autora

Gestão por Competências ainda parece mito para muitas empresas. No trabalho de consultoria e treinamento tenho percebido a dificuldade de empresas e gestores para fazer gestão de pessoas, seja pelo preço do investimento ou desconhecimento de ferramentas práticas e consistentes para trabalharem com objetividade.

Quando lancei a metodologia de Seleção por Competências, tinha por objetivo instrumentalizar os gestores, já que a tendência de mercado é que em muitas empresas o próprio gestor esteja fazendo a seleção do seu time de trabalho. Foi um projeto de sucesso que tem ajudado as empresas a capacitarem cada vez mais a área de seleção, e também a mostrar a importância da parceria e do trabalho entre gestores requisitantes e selecionadores.

No contato com as empresas, tenho encontrado muitos gestores com muita vontade de realizar um bom trabalho de Gestão e Desenvolvimento de Pessoas, mas sem ferramentas que o auxiliem nesta missão. Por isso fiz uma pesquisa do que existia no mercado em relação a este tema e acreditei que poderia dar a minha contribuição lançando um livro que preparasse o gestor e todos os avaliadores para fazer uma avaliação técnica com imparcialidade e ética, focada no desenvolvimento, crescimento e aperfeiçoamento de Pessoas e também preparar os avaliados para receberem avaliação como uma ferramenta de desenvolvimento de pessoas, sempre com foco no crescimento e aperfeiçoamento contínuo, tirando o melhor aproveitamento possível da ferramenta utilizada.

Ainda que a empresa não tenha uma ferramenta formal de avaliação, este livro tem o objetivo de trazer uma metodologia completa, apresentando ferramentas de Avaliação com foco em Competências que podem ser usadas por qualquer empresa, de qualquer segmento e por qualquer gestor de qualquer equipe. São ferramentas flexíveis que podem ser adaptadas para necessidades específicas da equipe e da empresa.

O verdadeiro desejo é que este livro seja uma ferramenta de desenvolvimento de pessoas, já que os resultados são alcançados através de pessoas atualizadas, bem preparadas, com perfil profissional empreendedor compatível com as atribuições que desempenham e, por tudo isso, precisam de muito investimento. Os resultados alcançados através de pessoas são proporcionais ao investimento realizado. Estamos apresentando a mais rica ferramenta para desenvolvimento de competências humanas, até o momento não há outra que possa substituí-la.

Sucesso a todos na Gestão de Pessoas e Desenvolvimento de Competências.

Maria Odete Rabaglio
www.rabaglio.com.br
odeterh@uol.com.br
55 11 2296-0021 – 2295-9967

Sumário

Capítulo I	**Avaliação, Avaliadores e Avaliados: Como Funciona esta Rede?**	**1**

1. A Importância da Avaliação ... 2
2. O Papel do Gestor Avaliador e a Arte de Bem Avaliar: Desenvolvendo a liderança *Coach* ... 4
   - 2.1 A Percepção do Avaliador ... 6
   - 2.2 Treinamento do *Coach* Avaliador ... 7
3. Objetivos do Treinamento do *Coach* Avaliador ... 10
4. Critérios em um Processo de Avaliação ... 11
   - 4.1 O Papel de Cliente do Avaliado ... 13
   - 4.2 O Foco no Crescimento e Desenvolvimento ... 13
   - 4.3 A Ética no Uso das Ferramentas de Avaliação ... 15
5. Tipos de Avaliação ... 16
   - 5.1 Avaliação por Objetivos ... 16
   - 5.2 Avaliação Direta ... 17
   - 5.3 Avaliação Conjunta ... 19
   - 5.4 Autoavaliação ... 19
   - 5.5 Avaliação 360 Graus ... 20
   - 5.6 Avaliação por Competências ... 22

Capítulo II Avaliação: Ferramenta de Desenvolvimento de Pessoas — 27

Capítulo III Avaliação com Foco em Competências — 29
1. O Que é Competência — 30
2. Comportamento — 32
3. Mapeamento de Competências — 33
4. Como Mapear um Perfil de Competências — 33
5. Como Mensurar Competências — 42

Capítulo IV Avaliação e *Feedback* — 45
1. Benefícios da Avaliação por Competências — 46
2. Conceito de *Feedback* — 47
3. Tipos de *Feedback* — 47
   3.1 *Feedback* Positivo — 47
   3.2 *Feedback* Construtivo — 48
   3.3 *Feedback* Destrutivo — 49
4. Como Fornecer *Feedback* — 50
5. Como Receber *Feedback* — 51

Capítulo V Ferramentas de Avaliação com Foco em Competências — 53
Ferramenta 1 – Medidor de Competências — 54
   1. Benefícios da Ferramenta Medidor de Competências — 54
   2. Medidor de Competências — 55
   3. Exemplos de Medidores de Competências — 57
   4. Mensuração das Competências — 75
   5. Parâmetro para dar Retorno ao Avaliado — 76
Ferramenta 2 – Entrevista Comportamental com Foco em Competências — 77

Ferramenta 3 – Entrevista de Avaliação com Foco em Competências:
- 1. Passo a Passo 85
- 2. O que a entrevista de avaliação não é 85
- 3. O que a entrevista de avaliação é 86
- 4. Compreendendo cada passo: 88
    - 4.1. Como Planejar a Entrevista de Avaliação 88
    - 4.2. Como Iniciar a Entrevista 90
    - 4.3. Como Conduzir a Entrevista 91
    - 4.4. Como Consensar um Plano de Desenvolvimento de Competências 92
    - 4,5. Como Encerrar a Entrevista 93
    - 4.6. Como Fazer o Acompanhamento do Plano de Desenvolvimento 94

Ferramenta 4 – Jogos com Foco em Competência 95
- 1. O Que é um Jogo? 95
- 2. Como Estruturar um Jogo 96
    - 2.1 Verifique Quais Competências Pretende Observar 96
    - 2.2 Desenvolva a Competência Técnica para Uso do Jogo 96
    - 2.3 Seja Criativo 97
    - 2.4 Prefira a Simplicidade 97
    - 2.5 Tenha Foco no seu Público Alvo 97
    - 2.6 Verifique o Espaço Disponível para a Atividade 97
    - 2.7 Faça uma Autoavaliação de seus Conhecimentos Sobre o Tema Central do Jogo 98
    - 2.8 Defina o Sistema de Papéis 98
    - 2.9 Delimite o Cenário 98
    - 2.10 Defina a Mecânica Lúdica 98
    - 2.11 Seja Proativo 99
    - 2.12 Realize um Laboratório-teste 99

3.	Planejamento e Organização de Recursos	99
4.	Etapas de Aplicação de um Jogo	101
5.	Postura do Facilitador	101
6.	O Papel do Facilitador	102

Jogos para Avaliação com Foco em Competências ... 103
1. Roda da Competência ... 103
2. Jogo dos Elos ... 104
3. Nós em Grupos ... 105
4. Zip, Bop, Zum ... 107
5. Cadeira Livre ... 108
6. Pântano ... 109
7. Jogo do Dardo ... 110
8. Dizendo por Dizer ... 112
9. Jogo do Repórter ... 113
10. Projeto com Equipe Multifuncional ... 115

Ferramenta 5 – Avaliação de Desempenho do Período Experimental de Admissão ... 117
Conclusão ... 123
Bibliografia ... 125

CAPÍTULO 1

Avaliação, Avaliadores e Avaliados: Como Funciona esta Rede?

1. A Importância da Avaliação

Se pegarmos um dicionário, encontraremos uma definição de avaliação mais ou menos assim:

Avaliação: apreciação, valor determinado por quem avalia, ato de avaliar.

Vamos analisar as palavras "valor determinado por quem avalia" e imaginar como se sente o avaliado na implementação de um projeto de avaliação, quando está chegando o momento de ser avaliado pelo seu gestor imediato. Muitas preocupações invadem seus pensamentos, a respeito do preparo do gestor para realização desta tarefa sob os seguintes aspectos:

- ❏ Meu gestor está preparado para avaliar?
- ❏ Quais serão os seus valores?
- ❏ Quais serão os seus critérios?
- ❏ Será justo, imparcial?
- ❏ Vai privilegiar as pessoas com quem tem maior afinidade?
- ❏ Vai levar em conta os últimos erros que cometi?
- ❏ Vai se lembrar dos projetos de sucesso que participei?
- ❏ Vai avaliar melhor os mais amigos ou parentes?
- ❏ Será que avaliação será de acordo com o estado de humor dele?

Essas e outras preocupações farão parte das ansiedades dos avaliados, que esperam por reconhecimento, valorização, imparcialidade e justiça da parte do seu avaliador e no caso de ser uma avaliação 360°, por parte de todos os avaliadores.

Avaliar significa fazer análise e ter a oportunidade de rever, aperfeiçoar, fazer de forma diferente, sempre em busca de eficácia e resultados.

Avaliar com eficácia é a chave do sucesso na Gestão de Pessoas. O processo de avaliação bem administrado beneficia funcionários e organização, podendo ser usado para:

- ❏ Manter a motivação e compromisso.
- ❏ Melhorar o desempenho.
- ❏ Estimular eficácia na comunicação interna.
- ❏ Ajustar os objetivos com as metas da organização e da equipe.
- ❏ Analisar o desenvolvimento.
- ❏ Identificar necessidades de treinamento.
- ❏ Comemorar êxitos e aprender com os insucessos.
- ❏ Entender aspirações de carreira.
- ❏ Avaliar potencial.
- ❏ Promover mudanças.
- ❏ Desafiar e estimular o aperfeiçoamento.
- ❏ Desenvolver a visão sistêmica da empresa no colaborador.
- ❏ Extrair o máximo de produtividade de cada colaborador.
- ❏ Ter o histórico de desenvolvimento de cada colaborador.
- ❏ Identificar através dos relatórios da avaliação os *gaps* de competências por ordem de prioridade para fazer o plano de desenvolvimento com foco nas reais necessidades da organização.

A Avaliação de Desempenho está muito relacionada à observação e acompanhamento do comportamento humano, respaldado por ferramentas objetivas, e está relacionado muito mais a uma questão atitudinal do que avaliação de competências técnicas. Isso significa que o processo de Avaliação de Desempenho por Competências nas organizações implica menos na criação de um instrumental técnico sofisticado e mais no desenvolvimento de uma atmosfera em que as pessoas possam relacionar-se umas com as outras de maneira espontânea, franca e confiante.

É importante observar que, quanto mais saudável for o contexto organizacional, maior a facilidade para se conseguir as mudanças de atitudes esperadas.

A Avaliação do Desempenho Humano nas empresas constitui-se numa ferramenta de estimativa de aproveitamento do potencial individual das pessoas no trabalho e, por isso, do potencial humano de toda a organização.

A avaliação poderá ser feita pela liderança imediata, por um par, um subordinado, um cliente interno ou externo, portanto todos devem ser preparados para avaliar tecnicamente e para serem avaliados com técnica, com critérios bem definidos para que as ferramentas de avaliação utilizadas estejam alinhadas com os objetivos de desenvolvimento de pessoas e atingimento de resultados.

2. O Papel do Gestor Avaliador e a Arte de Bem Avaliar: Desenvolvendo a Liderança *Coach*

Apesar de ser muito comentado no universo das organizações, poucos têm uma clara ideia do que significa *coaching*. *Coaching* é uma disciplina, uma arte e também um estilo de gerenciamento e Gestão de

Pessoas. Neste caso o *Coach* avaliador poderá ser um líder, um par, um subordinado ou um cliente interno ou externo. Portanto, antes da implementação de um processo de avaliação, é fundamental que todos os envolvidos sejam sensibilizados, conscientizados e tecnicamente orientados para a importância de avaliar e ser avaliado e para que usem as ferramentas de avaliação com imparcialidade, justiça, profissionalismo e ética, tendo os objetivos bem claros e definidos.

A experiência em muitas empresas tem mostrado que não adianta muito ter uma ferramenta de avaliação fantástica, focada, bem amarrada, se as pessoas não forem estrategicamente preparadas para utilizá-la de forma eficaz, tanto avaliadores como avaliados. Por isso, um dos objetivos deste livro é fornecer o caminho do treinamento para fazer bom uso das ferramentas de avaliação tendo como objetivo desenvolver pessoas.

O *Coach* contribui com as pessoas, equipes, empresas, de forma que estes reduzam *gaps* relativos a objetivos, tanto pessoais como organizacionais. Seu papel é dar suporte a outras pessoas, através do conjunto de ferramentas especialmente desenvolvidas para este fim, e eficácia na comunicação interpessoal, para que se tornem melhores observadores de si mesmos, de seu mundo de relações, de forma que eles possam obter o máximo de rendimento por meio do seu perfil de competências.

O *coach* é um apoiador, um orientador, motivador, integrador, delegador, facilitador de resultados estratégicos, que se compromete a ajudar o outro a atingir suas metas de crescimento, aperfeiçoamento e desenvolvimento, com a maior objetividade e eficácia possível. É um treinador e "desenvolvedor" de pessoas.

Coaching é um processo bem definido com início, meio e fim, definindo metas claras e desenhando e redefinindo ações para alcançar os resultados desejados. Uma importante ferramenta do *Coach* é sem dúvida a ferramenta personalizada de avaliação por competências, que será o nosso foco neste trabalho. Tudo que é avaliado pode ser aperfeiçoado, por isso vamos trabalhar com ferramentas que nos possibilitem um foco maior no crescimento, aperfeiçoamento e eficácia nos resultados através das pessoas.

Antes de qualquer coisa, há de se pensar na preparação do clima onde se iniciará o processo de Avaliação, gerando um contexto de cooperação mútua, confiança e credibilidade que torne possível um diálogo transparente e de via dupla entre avaliador e avaliado. Então por meio de ferramentas personalizadas de avaliação, o processo será conduzido com objetivo de ajudar o interlocutor a observar-se, a encontrar oportunidades de melhorias, a escutar os outros e a si mesmo, a refletir, pensar em novos objetivos e projetar novas ações capazes de complementar e enriquecer o seu perfil de competências comportamentais.

> *O Líder Coach assume o papel de avaliador quando tem compromisso com crescimento, desenvolvimento e aperfeiçoamento contínuo de pessoas, sejam essas pessoas lideranças, subordinados, clientes internos ou externos.*
>
> *O Coach desempenha o papel de treinador, desenvolvedor de Perfil e potencializador de resultados através de pessoas.*

2.1 A Percepção do Avaliador

No livro *Avaliação de Desempenho Humano na Empresa*, Cecília Bergamini cita uma importante afirmação de David Krech e Richard Cruchifield:

"Todo homem vive em seu próprio mundo. O mundo é aquilo que se tem experiência anterior: do que se percebe, sente, pensa e imagina. E tudo isto está relacionado ao ambiente físico e social em que se vive e à sua natureza biológica, especialmente ao funcionamento de seu cérebro e de seu sistema nervoso.

A maneira como uma pessoa se comporta está relacionada a esse mundo particular".

Partindo deste princípio, a maneira pessoal pela qual cada avaliador vê seu avaliado é particular, subjetiva, pessoal, baseada em seus parâmetros particulares, sua vivência pessoal, diferente de qualquer outra, consequência de sua história e de suas experiências pessoais.

As disfunções da percepção humana podem comprometer os objetivos da avaliação, considerando que as lentes da percepção nem sempre são capazes de retratar a realidade objetiva. Portanto precisamos desenvolver algumas formas de fazer com que a avaliação seja mais objetiva e mais criteriosa, baseada em uma ferramenta que tenha uma metodologia fundamentada e com facilidade de ser compreendida pelo público alvo, respaldada por princípios éticos, propósitos claros que tenham como foco a capacitação do líder para o desenvolvimento humano e atingimento de resultados voltados para estratégias da organização. Isso significa que é preciso sensibilizar, conscientizar, orientar tecnicamente e treinar o avaliador para garantir que a avaliação atinja o objetivo que se propõe.

A Avaliação por Competências, proposta neste livro, tem objetivo de reduzir ao máximo a subjetividade, propondo um conjunto de ferramentas personalizadas, objetivas e mensuráveis, cujo objetivo maior é o desenvolvimento específico do perfil de competências de cada profissional, com relação ao cargo que ocupa, sendo esta a forma mais focada que encontramos para potencializar resultados através de Pessoas.

> Avaliação por Competências é uma
> Ferramenta de Desenvolvimento de Perfis e Pessoas.

2.2 *Treinamento do* Coach *Avaliador*

Muitas empresas começam a implantar sistemas de Avaliação de Desempenho sem preparar sua população para administrar esta nova realidade. Encaram apenas como um procedimento técnico burocrático e as pessoas não têm a clara compreensão da utilização, objetivos, e acabam tendo alguns receios, tanto em avaliar como em serem avaliados e o fazem de qualquer jeito. É obvio que o resultado acaba não dando certo e o investimento é perdido.

Avaliação de Desempenho Humano é uma coisa muito séria, além de ser uma ferramenta de desenvolvimento de pessoas alinhado com as estratégias da Organização, de desenvolver pessoas, reduzir *gaps* de competências e priorizar o desenvolvimento contínuo dos seus colabo-

radores. Portanto a implementação deve ser criteriosa e as pessoas devem ser previamente preparadas, treinadas, tanto para avaliarem como para serem avaliadas e tirarem o melhor proveito desse conjunto de preciosas ferramentas.

Todo avaliador deve estar comprometido a ajudar alguém a atingir melhores resultados, portanto é uma liderança *coach*, e deve exercer este papel com excelência, para o sucesso do projeto de avaliação da empresa e da melhoria de *performance* dos colaboradores.

O treinamento dos *Coachs* avaliadores somente deve ser confiado a especialistas, que tenham domínio do assunto, conhecimento do sistema utilizado e prática em orientar, treinar e lidar com comportamento humano de forma respeitosa, motivadora, empreendedora e focada em resultados.

Tanto avaliadores como avaliado devem ser treinados e preparados para administrar as ferramentas de avaliação com sucesso, principalmente no modelo de avaliação 360°, em que o colaborador é avaliado por várias pessoas, não somente pela sua liderança. Mas para chegar até lá é preciso começar com 180°, adquirir maturidade de toda população para progredir de forma madura e responsável, protegendo o sucesso do projeto.

Para desenvolver atitudes homogêneas, com foco em desenvolver pessoas na avaliação, compreensão dos objetivos da mesma, engajamento de avaliadores e avaliados no projeto, poderemos contemplar os seguintes conteúdos:

1. Informação

Aqui devemos mostrar todo cenário atual, onde estamos, onde queremos chegar e o papel da avaliação por competências neste projeto, bem como da participação, envolvimento e comprometimento de todos para que os objetivos sejam atingidos. Ao iniciar um projeto de avaliação, será necessário um planejamento pela equipe gestora do projeto envolvendo os seguintes tópicos:

- ❏ Organizar um cronograma contemplando todas as ações que envolvem o projeto e o público alvo a ser alcançado;
- ❏ Programar as datas e prazos de cada ação;
- ❏ Preparar uma equipe de apoiadores do projeto que ajudem a dissipar as resistências em todas as áreas da empresa;
- ❏ Definir as ações e quem será o responsável por cada uma, com prazos definidos;
- ❏ Desenvolver as ferramentas personalizadas para cada cargo;
- ❏ Validar as ferramentas com as lideranças de cada área ou departamento;
- ❏ Planejar e realizar os treinamentos de Avaliadores;
- ❏ Planejar e realizar os treinamentos dos Avaliados;
- ❏ Planejar o evento de lançamento da Avaliação;
- ❏ Planejar o fechamento da rodada de Avaliação com todos os relatórios de *GAPS* de competências identificadas, que servirá como base para desenvolvimento do Plano de Treinamento e Desenvolvimento do próximo período.

Usar muita transparência e objetividade nas informações e treinamentos a fim de evitar os medos, receios, preocupações, ansiedades e distorções de informações.

2. *Sensibilização e Conscientização para Participação Eficaz*

Nesta fase o principal objetivo é conseguir o compromisso das pessoas com o projeto. Sensibilizar as pessoas para avaliarem com critérios e permitirem serem avaliadas com o mesmo critério de justiça, transparência e imparcialidade. É importante desmistificar o assunto, para que seja encarado com naturalidade. É a fase do amadurecimento do processo.

Podem-se utilizar aqui exercícios, estudos de casos, dinâmicas de grupos, abordando temas como: autopercepção, percepção do outro, autoconhecimento, julgamento, preconceitos, pressupostos, rótulos, discriminações, empatia, saber ouvir, foco no aperfeiçoamento do avaliado etc. São inúmeras as possibilidades e depende muito do contexto organizacional existente.

3. Conhecimento da Ferramenta

Nesta fase toda a população deve ser treinada em relação ao conhecimento da ferramenta de avaliação que será utilizada, esgotando todas as informações sobre a mesma e fazendo simulações que façam com que todas as dúvidas sejam esclarecidas e os temores desmistificados.

4. Execução do Projeto

É importante que todos saibam a seriedade, os critérios, obedeçam prazos, mas também tenham consciência de que é um simulado, que todos ainda estão aprendendo a avaliar e esta etapa será o fechamento do treinamento para utilização da Avaliação de Desempenho por Competências. A primeira vez que se realiza uma avaliação ainda é uma importante fase de aprendizado, que exige a necessidade de suporte de uma comissão organizada para colaborar e solucionar todas as possíveis dúvidas e dificuldades de todas as pessoas envolvidas no processo.

A comissão responsável, gestora do projeto, deverá identificar todas as dificuldades demonstradas e criar formas de solucioná-las para que, na próxima avaliação, não se repitam e verdadeiramente todos estejam mais amadurecidos e preparados para encarar o fato de avaliar e de ser avaliado.

3. Objetivos do Treinamento do *Coach* Avaliador

❑ Deixar claro os objetivos da organização, de desenvolver pessoas através de uma ferramenta formal, das estratégias de Recursos Humanos e sua ligação com a avaliação de desempenho por competências, a ferramenta mais atualizada até o momento.

❑ Informar com clareza e objetividade os propósitos da implementação de Avaliação de Desempenho por Competências e seus benefícios para a empresa e para as pessoas. Criar um plano de disseminação de informações, enviando periodicamente para a

empresa todas as informações sobre o projeto, visando envolver as pessoas e esclarecer cada vez mais os objetivos do projeto.
- ❏ Fornecer conceitos sobre comportamento humano para não psicólogos, mudanças de atitudes e benefícios de desenvolver atitudes positivas relacionadas ao sucesso no desempenho das atividades, enfatizando que este desenvolvimento impactará em todas as áreas da vida, pois trata-se de desenvolvimento humano.
- ❏ Proporcionar um clima de segurança e bem estar, deixando claro que avaliação de desempenho é uma oportunidade de crescimento, aperfeiçoamento e desenvolvimento para todos, cujo objetivo maior é o nivelamento da cultura organizacional. Disseminar o plano de treinamento de avaliadores e avaliados para que todos tenham a clareza da preparação de todo público alvo, para que cada um cumpra com excelência o seu papel no projeto.
- ❏ Preparar os cargos de liderança para a Entrevista de Avaliação com o avaliado. Esta etapa é de fundamental importância. A atitude utilizada neste momento poderá definir o sucesso ou fracasso do projeto de avaliação.

4. Critérios em um Processo de Avaliação

Alguns critérios são de extrema importância num processo de avaliação entre *Coach* avaliador e avaliado:

- ❏ Comportamento, imparcialidade, ética, transparência e justiça;
- ❏ Cuidado com a forma de comunicação para não atingir autoestima do avaliado.
- ❏ Imparcialidade na interação e nas colocações, independente de grau de parentesco e amizade.
- ❏ Foco no desenvolvimento de competências do avaliado – ele trabalha para os resultados do time.
- ❏ Foco no período que está sendo avaliado, quase sempre o último ano.

- Flexibilidade na forma de comunicação com avaliado:
  - Iniciar sempre falando dos pontos positivos com ênfase, entusiasmo, demonstrando satisfação e orgulho pelas qualidades do avaliado, depois passar para os pontos a serem melhorados.
  - Evitar uso da subjetividade, eliminando frases subjetivas do tipo: "na minha opinião", "no meu ponto de vista", "ao meu ver" etc.
  - Usar dados de realidade, exemplificando e justificando cada sugestão de melhoria.
- Saber ouvir com atenção, empatia e respeito.
- Fazer com que o avaliado entenda e aceite que tem pontos a serem melhorados e isso significa enriquecimento do seu perfil.
- Estabelecer em conjunto um compromisso, um plano de ação, com data para revisão.
- Ser descritivo e específico, exemplificando tudo que diz.
- Exemplificar situações específicas atuais.
- Falar em seu próprio nome, nunca em nome de outras pessoas ou da equipe.
- Ter sempre em mente que o objetivo é desenvolver competências;
- Nunca usar rótulos como: imaturo, pouco profissional, resistente, lento, desagradável etc.
- Ter foco no positivo apontando o que deve ser desenvolvido como:
  - "maior flexibilidade quando lidar com..."
  - "mais agilidade em situações como..."
- Priorizar comportamento profissional.
- Exprimir a questão como uma declaração, não como uma pergunta.

- Ajudar as pessoas num plano de desenvolvimento.
- Elogiar os pontos fortes, alimentar a autoestima do avaliado.
- Orientar para ações de melhoria.
- Demonstrar a verdadeira intenção de colaborar com o crescimento do avaliado.
- Encerrar a avaliação dando ênfase aos pontos positivos do avaliado.

4.1 O Papel de Cliente do Avaliado

- Desenvolver autopercepção.
- Entender que sua autopercepção pode ser diferente da percepção do outro.
- Procurar entender como é visto pelo outro.
- Desenvolver autocrítica.
- Ouvir atentamente sem interromper.
- Fazer perguntas para compreender o que esperam de você.
- Reconhecer a avaliação: reformular as mensagens com suas próprias palavras dando a entender que compreendeu a mensagem.
- Reconhecer os pontos válidos para seu desenvolvimento.
- Organizar com calma o que foi dito.
- Fazer um plano de desenvolvimento de competências em conjunto com avaliador.
- Estabelecer metas de desenvolvimento com prazos fixados;
- Comprometer-se com crescimento contínuo.

4.2 O Foco no Crescimento e Desenvolvimento

O foco no crescimento, desenvolvimento e enriquecimento de perfil do avaliado deve ter um destaque especial, pois isto significa estar ali-

Anotações...

nhado com as estratégias da empresa, em busca de resultados eficazes, pois quem faz as coisas acontecerem na Organização são as pessoas. Não podemos nos prender a experiências positivas ou negativas que vivenciamos com cada pessoa para avaliar, isto pode influenciar positiva ou negativamente nossa avaliação, portanto é necessário critério, imparcialidade, justiça e nos despir dos preconceitos, pressupostos, rótulos, descriminações e lembranças do passado que poderão influenciar o presente. Vale a pena ressaltar também que devemos nos fixar no período que está sendo avaliado, para não correr o risco de influenciar a avaliação com experiências positivas ou negativas de um passado distante.

A história das três peneiras nos faz pensar na importância da palavra bem colocada e na comunicação eficaz que é um pré-requisito para uma boa avaliação.

As Três Peneiras
Autor desconhecido com adaptação de Maria O Rabaglio

Olavo foi transferido de projeto.

Logo no primeiro dia, para fazer média com o novo chefe, saiu-se com esta:

– Chefe, o senhor nem imagina o que me contaram a respeito do Silva.

Disseram que ele...

Nem chegou a terminar a frase, e o chefe, interrompeu:

– Espere um pouco, Olavo. O que vai me contar já passou pelo crivo das três Peneiras?

– Peneiras? Que Peneiras, chefe?

– A primeira, Olavo, é a da VERDADE.

Você tem certeza de que esse fato é absolutamente verdadeiro?

– Não. Não tenho, não. Como posso saber? O que sei foi o que me contaram.

Mas eu acho que...

E, novamente, Olavo é interrompido pelo chefe:

– Então sua história já vazou a primeira peneira.

Vamos então para a segunda peneira que é a da BONDADE.

O que você vai me contar, gostaria que os outros também dissessem a seu respeito?

– Claro que não! Deus me livre, chefe! – diz Olavo, assustado.

– Então – continua o chefe – sua história vazou a segunda peneira.

Vamos ver a terceira peneira, que é a da NECESSIDADE.

Você acha mesmo necessário me contar esse fato ou mesmo passá-lo adiante?

– Não chefe. Pensando desta forma, vi que não sobrou nada do que eu iria contar – fala Olavo, surpreendido.

– Pois é Olavo! Já pensou como as pessoas seriam mais felizes se todos usassem essas peneiras? – diz o chefe sorrindo e continua:

– Da próxima vez em que surgir um boato por ai, submeta-o ao crivo das três Peneiras:

VERDADE – BONDADE – NECESSIDADE

Antes de obedecer ao impulso de passá-lo adiante, pare e pense, por que:

PESSOAS INTELIGENTES FALAM SOBRE IDÉIAS,
PESSOAS COMUNS FALAM SOBRE COISAS,
PESSOAS MESQUINHAS FALAM SOBRE PESSOAS.
PESSOAS ESPECIAIS FALAM COM AS PESSOAS SOBRE SUAS IDÉIAS.

4.3 A Ética no Uso das Ferramentas de Avaliação

"O que é avaliado pode ser aperfeiçoado"

Não importa se estaremos avaliando nosso melhor amigo ou nosso pior inimigo. O fato é que somos profissionais e somos avaliados pela

forma como avaliamos pessoas, e nesta atribuição devemos colocar todo nosso profissionalismo, lealdade, integridade, justiça, comportamento ético, imparcialidade e nos despirmos de rótulos, pré-conceitos, pressupostos, discriminações, que possam influenciar a eficácia nos resultados da avaliação.

Avaliação não tem objetivo de criar problema, mas de solucionar problemas. Portanto, todos devem estar remando na mesma direção, conectados com os mesmos objetivos, trabalhando por uma causa comum, com o mesmo nível de conscientização para realizar um trabalho de qualidade, contribuindo para melhoria nos resultados através das pessoas.

Vale lembrar que ao final da avaliação a empresa terá uma grande variedade de relatórios dos *gaps* de competências individuais, *gaps* por equipe, por área, por departamento, por unidade e da empresa como um todo. Caso as experiências pessoais levem avaliadores a distorções, os resultados finais serão distorcidos, e esses relatórios não servirão como levantamento de necessidades de treinamento e nem serão a base para planejamento dos investimentos em Treinamento e desenvolvimento no próximo período. Portanto, a seriedade e profissionalismo de avaliados ao fazerem sua autoavaliação, e avaliadores ao avaliarem suas equipes é de extrema importância, pois estão prestando um serviço cujo objetivo é a potencialização dos resultados individuais das pessoas para fortalecimento dos resultados da empresa.

5. Tipos de Avaliação

5.1 *Avaliação por Objetivos*

Em meados da década de 50 surgiu nos Estados Unidos o conceito de Avaliação por Objetivos, como consequência direta da Administração por Objetivos. Este modelo de administração se constituiu, na época, em um novo Sistema de Administração, que foi desenvolvido como resposta à crise e à pressão vivida pelos empresários, sob a forma de intenso controle do governo, que assim agiu na tentativa de reequilibrar a economia do País, fortemente abalada pela Segunda Guerra Mundial.

O conceito de Avaliação de Desempenho passou de um enfoque mais comportamental e, portanto, mais subjetivo, para um mais objetivo, através da constatação do cumprimento ou não de metas pretendidas. A avaliação por competências trouxe ferramentas para facilitar a compreensão do que é um perfil comportamental e sua relação com as atribuições dos cargos, reduzindo a subjetividade através de ferramentas objetivas e mensuráveis, que podem ser administradas por qualquer profissional de qualquer área de formação.

Neste sentido a Avaliação de Desempenho por Competências é também um alívio de tensão para aqueles que se sentiam desconfortáveis ao expressarem seu julgamento sobre os outros numa perspectiva mais comportamental.

A Avaliação por Objetivo (APO) acabou se transformando num modismo, despertando inúmeros modelos desenvolvidos por estudiosos no assunto e direcionados para contextos organizacionais específicos.

A APO de uma maneira mais rica e completa atende a três objetivos:

1. Revisão do cumprimento das metas ou atingimento de resultados.
2. Apreciação do comportamento da pessoa: a maneira como realiza seus objetivos.
3. Avaliação do Potencial: estimativa sobre os rumos que o indivíduo pode tomar na sua carreira dentro da organização.

5.2 Avaliação Direta

Praticada pelo líder imediato na hierarquia funcional. Neste método, grande responsabilidade é atribuída à liderança imediata, que assume o compromisso de emitir parecer sobre todos os seus subordinados diretos. Este método ainda é utilizado por algumas empresas públicas e privadas, que utilizam metodologias muito conservadoras de administração de pessoas, mas a tendência de mercado é que este tipo de avaliação seja rapidamente substituído por métodos participativos, capazes de desenvolver e manter as pessoas estimuladas para realização dos seus resultados. Esta é a avaliação 90°, onde a equipe é avaliada pelo líder sem nenhuma participação e muitas vezes nem sabe que foi avaliado.

Este procedimento possui benefícios e pontos negativos, como na tabela abaixo:

Benefícios	Pontos Negativos
É o líder imediato que melhor conhece sua equipe, convive no dia a dia, portanto está mais bem preparado para avaliá-lo, se for capacitado para isso naturalmente.	A falta de proximidade do líder imediato com a equipe e de compartilhamento com o avaliado pode causar distorções de percepção ou contaminar a avaliação através de um julgamento unilateral.
É a liderança imediata que deve melhor conhecer os indicadores de desempenho esperados em cada função na sua equipe, quando treinados para isso.	A avaliação pode ser contaminada por desgaste no relacionamento interpessoal do dia a dia ou por incompatibilidades existentes. Este modelo de avaliação potencializa o poder do líder e anula qualquer manifestação do avaliado, trata-se de um modelo autoritário e distando de gestão participativa.
	A avaliação poderá ser prejudicada, rebaixando a autoestima do avaliado, no caso do líder ser excessivamente autoritário e ter dificuldade de comunicação interpessoal.
	A falta de comunicação de via dupla e de empatia do líder fará com que a avaliação carregue apenas as suas impressões, sem que haja negociação e consenso com o avaliado, fazendo com que o maior objetivo da avaliação, que é o desenvolvimento de competências técnicas e comportamentais, não seja atingido.

5.3 Avaliação Conjunta

Este modelo de avaliação é realizado em conjunto entre avaliador e avaliado, isto é, a ferramenta de avaliação é analisada ao mesmo tempo, discutida e consensada. É uma rica possibilidade de troca, com transparência, clareza e objetividade. Exige que a empresa já tenha uma cultura de avaliação bem amadurecida e uma boa comunicação interpessoal entre líderes e subordinados. Nessas situações poderá ser muito produtivo este modelo. Este modelo é 180°, mas ainda podemos identificar oportunidade de aperfeiçoamento.

Benefícios	Pontos Negativos
Avaliação participativa, contemplando a comunicação e consenso entre avaliador e avaliado.	Recebem as avaliações na hora da reunião, o que impede que ambos se preparem para a reunião, fazendo com que a mesma seja mais produtiva.
Fortalecimento do relacionamento entre líder e equipe.	Gasto maior de tempo de reunião, já que não houve a possibilidade de planejamento prévio.
O líder terá maior conhecimento das necessidades da equipe e vice-versa.	Possibilidade maior de conflitos, por falta de planejamento das duas partes.
Maior integração entre líder e equipe e clima de trabalho mais positivo, através de uma gestão participativa.	

5.4 Autoavaliação

Esta prática consiste na possibilidade de uma participação ativa do avaliado, uma vez que o mesmo faz o julgamento sobre o seu desempenho, analisando e respondendo a ferramenta de avaliação, concluindo com seu parecer final. Esta etapa fornece a possibilidade de se autoanalisar, autocriticar e ter propostas para autorreformulação, o que será pré-requisito e enriquecerá a reunião de avaliação que será realizada entre avaliador e avaliado.

Benefícios	Pontos Negativos
Prioriza a avaliação participativa que tem objetivo de desenvolver no líder as competências de liderança *Coach* e, no avaliado, a possibilidade de complementação e enriquecimento de perfil de competências técnicas e comportamentais.	Pode ocasionar profundas decepções e desencadear incompatibilidades por dificuldades de consenso, se ao realizar reunião com avaliador este não estiver tecnicamente preparado.
O avaliado ao se autoavaliar tem a possibilidade de "olhar no espelho" indo ao encontro do seu perfil real e do que pode ser aperfeiçoado.	No caso do avaliado ter melhor nível cultural que o avaliador, poderá induzir ou manipular o avaliador em seu julgamento.
Contribui para sensibilizar o avaliado para o desenvolvimento contínuo, fornecendo todas as informações do que desenvolver e como.	
Dá ao avaliado a oportunidade de se preparar para a reunião com o avaliador, levando sugestões de aperfeiçoamento e desenvolvimento, e assim consensar informações com objetivo de sair com um "PDC" rico e focado no que precisa ser desenvolvido.	

5.5 *Avaliação 360 Graus*

Esta metodologia é também conhecida como Avaliação 360°, Avaliação Sistêmica, *Feedback* 360°, *Feedback* com múltiplas fontes, Avaliação Global, avaliação multivisão e outros. Trata-se de uma técnica na qual os participantes do programa recebem simultaneamente feedbacks estruturados de seus superiores, pares ou clientes internos, subordinados e outros que a empresa julgar necessário. Em geral tem por objetivo contribuir para o desenvolvimento de conhecimentos, habilidades e atitudes, demandados pela necessidade do cargo que ocupa.

O avaliador procura receber *feedback* de todos que tenham trabalhado com o avaliado, como clientes internos e externos, membros da própria equipe, fornecedores internos e externos, pares; para fazer análises dos pontos fortes dos seus colaboradores e identificar as possibilidades de melhoria.

O avaliador deve ter uma visão sistêmica desta rede, de como funciona a comunicação interna, o clima de cooperação ou competitividade, e se certificar de que as pessoas envolvidas na avaliação foram preparadas para tal e têm como objetivo contribuir para o crescimento da empresa e das pessoas avaliadas, obedecendo aos critérios fornecidos para uma avaliação imparcial, ética e profissional, sem nenhuma contaminação com sentimentos consequentes de problemas pessoais que não foram bem resolvidos.

A Avaliação 360° deve ser o objetivo a ser alcançado de toda organização, o que significa que ao implantar uma ferramenta de avaliação, inicie com 180°, já com cronograma para chegar aos 360°. O ideal é iniciar com 180°, isto é: autoavaliação e avaliação do líder imediato, e à medida que avaliados e avaliadores estejam adquirindo maturidade, a equipe gestora do projeto vai sofisticando a ferramenta e aumentando os graus até chegar aos 360°.

Benefícios	Pontos Negativos
Prioriza a avaliação participativa envolvendo avaliado e vários avaliadores, como: líder imediato, pares, clientes internos, equipe-avaliado-líder, ou outras combinações.	Pode ser contaminado por desafetos, se toda a população envolvida não for tecnicamente preparada para fazer avaliação com imparcialidade e justiça.

O avaliado ao se autoavaliar tem a possibilidade de "olhar no espelho", indo ao encontro do seu perfil real e do que pode ser aperfeiçoado. Além disso, contará com várias outras avaliações e *feedbacks* sobre o que é esperado do seu desempenho.	Caso a equipe do projeto não planeje a carga horária necessária de treinamento incluindo simulações da ferramenta, de *feedback*, de entrevista de avaliação etc., os resultados podem ser comprometidos. É uma ferramenta para fazer gestão e desenvolvimento de pessoas, só funciona se as pessoas forem devidamente preparadas para participação no projeto.
Contribui para sensibilizar o avaliado para o desenvolvimento contínuo, compreendendo melhor a necessidade dos clientes internos e externos, expresso pelos diversos avaliadores.	
Estimula uma maior integração entre clientes internos, pois a consciência de que avaliam uns aos outros traz a importância de fazer como querem que façam para si.	

5.6 Avaliação por Competências

Por força de diversas formas de pressão do mercado de trabalho, atuando sobre organizações que produzem e prestam serviços para clientes cada vez mais exigentes, para apresentarem melhores padrões de qualidade e produtividade e menores preços, surgiu a necessidade de se encontrarem maneiras condizentes com o contexto contemporâneo e meios de se maximizar o desempenho dos profissionais, das equipes e das lideranças. Dentre outras soluções buscadas, duas se destacaram como fundamentais:

1. Melhorar a utilização do potencial humano, o que significa identificar e desenvolver conhecimentos, habilidades e atitudes necessárias para potencializar seus resultados.

2. Melhorar a eficácia (competência) organizacional e de gestão dos recursos utilizados.

O crescente aumento da competitividade dos negócios obriga as empresas a buscarem, adquirirem e valorizarem as competências que elas negligenciaram em tempos anteriores, de menor concorrência, de maiores facilidades para obter lucros e crescer. Todo este movimento trouxe à tona a Gestão por Competências, que é a forma mais focada e objetiva de fazer Gestão de Pessoas alinhada com as estratégias da organização através de metodologias destinadas a fazer:

- Mapeamento de Competências Corporativas.
- Mapeamento e mensuração do Perfil de Competências dos cargos ou funções.
- Ferramentas de Seleção com foco em Competências.
- Treinamento e Desenvolvimento de Competências.
- Ferramentas de Avaliação com foco em Competências.

Várias ferramentas e diversos modelos de avaliação podem ser utilizados na Avaliação com foco em Competências, desde que cada cargo tenha definido seu perfil de competências, e a ferramenta de avaliação seja usada para identificar as competências do perfil que são presentes no repertório comportamental do avaliado e aquelas que precisam de desenvolvimento e aperfeiçoamento. É um trabalho personalizado para cada cargo, focado, objetivo e consistente.

Todos os profissionais de uma empresa devem ter conhecimento da descrição do seu cargo atualizada e do seu perfil de competências técnicas e comportamentais. Estas informações serão o seu norte para que possa planejar seu desenvolvimento e os ajustes e complementos necessários ao seu perfil. E a avaliação com foco em competências é a ferramenta complementar que dá clareza e objetividade ao desempenho real e o desempenho esperado, para que possa fazer um plano de ação em conjunto entre líder e liderado, em busca do perfil ideal e desempenho compatível com a expectativa do cargo. A sequência abaixo dará grande segurança aos avaliadores e avaliados, deixando claro o que é esperado de cada um e fazendo com que cada colaborador conheça o seu cargo em profundidade.

```
┌─────────────────────────────────────┐
│ Informar o colaborador sobre sua    │
│ descrição de cargo atualizada e     │
│ fazer as devidas alterações sempre  │
│ que houver uma mudança.             │
└─────────────────────────────────────┘
                  ⇩
┌─────────────────────────────────────┐
│ Informar e discutir o perfil de     │
│ competências técnicas e             │
│ comportamentais com o colaborador   │
│ para que ele tenha total clareza    │
│ do que é esperado sobre seu         │
│ desempenho.                         │
└─────────────────────────────────────┘
                  ⇩
┌─────────────────────────────────────┐
│ Fazer a avaliação com foco em       │
│ competências, periodicamente, para  │
│ assegurar a eficácia no desempenho  │
│ e o aperfeiçoamento contínuo do     │
│ colaborador.                        │
└─────────────────────────────────────┘
                  ⇩
┌─────────────────────────────────────┐
│ Identificar na Avaliação as         │
│ competências a serem desenvolvidas  │
│ e fazer em consenso o PDC – Plano   │
│ de desenvolvimento de Competências, │
│ que deverá ter acompanhamento do    │
│ líder imediato até a próxima        │
│ avaliação.                          │
└─────────────────────────────────────┘
```

Este modelo garante à Organização e aos líderes um modelo de gestão de pessoas com acompanhamento e *feedbacks* direcionados para as estratégias da empresa e desenvolvimento da equipe. Aumenta a responsabilidade do líder à medida que ele toma consciência do seu papel de liderança desenvolvedora, motivadora, e é estimulado a inspirar e influenciar positivamente a equipe para valorizar o desenvolvimento contínuo.

Este livro tem o objetivo de trazer ferramentas de avaliação com foco em competências, que podem ser usadas com objetividade por qualquer organização ou gestor. Se já existe na empresa um modelo de avaliação, poderá ser adaptado com foco em competências, caso não exista teremos neste livro modelos de ferramentas com foco em competências que poderão ser utilizados na gestão e Desenvolvimento de Pessoas alinhados com as estratégias da Organização. Este modelo dará à empresa o histórico de desenvolvimento de cada colaborador e relatórios das necessidades de desenvolvimento da empresa como um todo.

Benefícios	Pontos Negativos
Prioriza a avaliação participativa que tem objetivo de desenvolver no líder as competências de liderança *Coach* e no avaliado a possibilidade de complementação e enriquecimento de perfil de competências técnicas e comportamentais.	Pode ocasionar profundas decepções e descrédito, e desencadear incompatibilidades por dificuldades de consenso, se todo o público alvo não for treinado para entender a metodologia e ferramentas da Avaliação por Competências.
O avaliado ao se autoavaliar tem a possibilidade de "olhar no espelho", indo ao encontro do seu perfil real e do que pode ser aperfeiçoado.	O gestor avaliador passa a gastar mais tempo para fazer a gestão da equipe, tanto na época da avaliação quanto no dia a dia.
Contribui para sensibilizar o avaliado para o desenvolvimento contínuo, desenvolvendo autocrítica e autoconhecimento.	

Anotações...

Benefícios	Pontos Negativos
Dá ao avaliado a oportunidade de se preparar para a reunião com o avaliador, levando sugestões de aperfeiçoamento e desenvolvimento, através de uma comunicação de via dupla.	
Esta metodologia reduz significativamente a subjetividade, levando cada colaborador a identificar o perfil de competências do seu cargo e o seu próprio perfil, dando a possibilidade de identificar as competências que estão dentro do perfil e aquelas que precisarão de desenvolvimento.	
A empresa terá histórico de desenvolvimento de todos os colaboradores e a equipe gestora do projeto acompanha o PDC de cada colaborador e o acompanhamento que deve ser realizado pelo líder imediato. A ferramenta é amarrada e direcionada para gerar desenvolvimento.	

CAPÍTULO II

Avaliação: Ferramenta de Desenvolvimento de Pessoas.

Quanto tempo leva um profissional para ficar desatualizado no mercado contemporâneo?

Isto significa que precisamos nos cercar de técnicas e ferramentas de desenvolvimento para garantir a atualização contínua da *performance* de todos os colaboradores das organizações. A avaliação de desempenho por competências tem o objetivo específico de reforçar os pontos fortes de cada pessoa e identificar os *gaps* de competências, para que sejam desenvolvidos e tenham o perfil em acordo com a necessidade do cargo. É, portanto uma ferramenta de desenvolvimento de pessoas que, se bem utilizada, trará grandes benefícios para as pessoas, equipes, organizações, resultados e clientes. Vale a pena observar que todas as competências desenvolvidas serão usadas na vida de cada colaborador, não apenas na vida profissional, este é um ganho de extrema importância, pois todas as pessoas precisam de desenvolvimento.

Uma importante observação é perceber que só chegará ou terá maior facilidade para chegar ao perfil mais próximo do cargo o colaborador que tiver perfil para as atribuições que desempenha. Insistir em desenvolver um profissional que não tem o perfil comportamental adequado para suas atribuições é um trabalho desgastante e sem nenhuma garantia de resultados. O desenvolvimento técnico, o cumprimento de procedimentos, é mais fácil de ser aprendido e praticado, porém a mudança de comportamento não tem a mesma facilidade. As pessoas que estão vivendo um momento de abertura para crescimento e desenvolvimento costumam fazer bom proveito dessas oportunidades, mas as pessoas que estão fechadas para mudanças internas não conseguem ter o mesmo aproveitamento. O desenvolvimento é poder pessoal, as pessoas só se desenvolvem se tiverem o desejo interior para isso, o que mostra a importância da sensibilização, conscientização e orientação técnica para estimular o desejo de aperfeiçoamento contínuo nas pessoas.

CAPÍTULO III

Avaliação com Foco em Competências

1. O Que é Competência

Vamos observar algumas definições de Competências de autores conhecidos:

- A palavra Competência é utilizada de maneira diferente pelos especialistas em recursos humanos, pela área jurídica ou pelos estrategistas de negócios. Aqui está a definição de seu uso: "Uma competência individual é uma descrição escrita de hábitos de trabalhos mensuráveis e habilidades pessoais utilizados para alcançar um objetivo de trabalho" (*Paul Green*).
- O especialista *Scott B. Parry* define competência como: "Um agrupamento de conhecimentos, habilidades e atitudes correlacionadas, que afeta parte considerável da atividade de alguém, que se relaciona com o seu desempenho, que pode ser medido segundo padrões preestabelecidos, e que pode ser melhorado por meio de treinamento e desenvolvimento".

Vamos tomar um CHA de competências?

C	H	A
Conhecimentos	Habilidades	Atitudes
Saber	Saber fazer	Querer fazer
O que sabemos mas não necessariamente colocamos em prática, temos apenas a teoria.	O que praticamos intensamente, desenvolvendo experiência e domínio.	As características pessoais, que nos levam a praticar ou não o que conhecemos e sabemos, o nosso perfil comportamental.

Para todas as atividades que desempenhamos precisamos de conhecimentos, habilidades e atitudes específicas que são nossos diferenciais de qualidade, excelência e resultados, portanto podemos definir competência como: *Conhecimentos, habilidades e atitudes que são os diferenciais do perfil de cada pessoa e têm impacto em seu desempenho e consequentemente nos resultados atingidos.*

Entendemos que uma pessoa tem um bom desempenho quando possui os conhecimentos necessários, as habilidades e atitudes essenciais para eficácia nas suas atividades. Isso significa ter o perfil comportamental necessário para o cargo.

As pessoas usam todo o **conhecimento** que têm?

Não há nenhuma prova de que as pessoas coloquem na prática todo o **conhecimento** que possuem. E quando o **conhecimento** não é utilizado, não faz a menor diferença nos resultados da pessoa. É preciso praticar!!!!! É preciso AÇÃO!

Exemplo:

Enviamos um grupo de dez Consultores de Negócio para um curso de técnicas e motivação em vendas. Todos participaram do curso, portanto todos têm o **conhecimento**.

Retornando do curso, cinco vendedores começaram a se destacar, melhorando seus resultados, colocando em prática o **conhecimento** que adquiriram no curso, isto é, desenvolvendo novas **habilidades**. Os outros cinco continuaram a trabalhar como sempre fizeram.

Porque apenas cinco vendedores demonstraram progressos com o curso e os outros cinco continuaram a trabalhar exatamente como sempre trabalharam?

A resposta é **Atitude**, **perfil comportamental**. Os cinco que se destacaram tiveram **atitudes** diferenciadas, tiveram mudanças que os outros não tiveram. E que **atitudes** seriam?

Tiveram *iniciativa* para começarem a por em prática as novas técnicas, foram *flexíveis*, para fazerem mudanças em sua forma de trabalhar, foram *criativos*, inovando suas práticas, foram *empreendedores*, buscando formas mais eficazes para melhorar resultados, foram *planejadores*, planejando diferentes formas para o aperfeiçoamento de seus resultados.

Iniciativa, flexibilidade, criatividade, empreendedorismo, planejamento, são **atitudes** diferenciadas que levam a resultados diferentes. Esta equipe não guardou, não arquivou o conhecimento novo, mas o colocou na prática, desenvolvendo novas **habilidades**, isto aconteceu graças a **atitudes** de comportamento vencedor, que eram características pessoais de cada um e que fazem a diferença nos resultados finais.

Isto significa que não adianta ter um bom conhecimento técnico e não ter um perfil comportamental compatível com o bom desenvolvimento das atividades. O perfil comportamental é o diferencial competitivo de cada profissional e de cada pessoa. Investir no desenvolvimento de competências comportamentais é imprescindível para desenvolver uma carreira de sucesso, seja qual for o segmento ou a área de atuação.

Com tudo isso, chegamos a conclusão de que precisamos ser brilhantes tecnicamente e ter um perfil comportamental muito bem estruturado para aumentar as possibilidades de sucesso na vida, não apenas na carreira profissional. Para melhor compreensão deste assunto, vamos aprofundar um pouco mais nossa compreensão sobre comportamento humano.

2. Comportamento

Vamos entender por comportamento características intrínsecas, pessoais, individuais do ser humano, associadas ao seu conhecimento, experiências, conjunto de vivências pessoais e a influência da cultura onde ele se encontra.

O comportamento, visto por este ângulo, é a forma que a pessoa demonstra como ela funciona em diferentes situações e momentos, e nos interessa o impacto deste funcionamento na convivência com outras pessoas e nos próprios resultados.

Neste caso, falamos de comportamentos explícitos, observáveis e, consequentemente, mensuráveis.

Podemos identificar com facilidade a pessoa agressiva e a calma, a entusiasmada e a apática, a competitiva e a cooperativa, a comunicativa e a introvertida etc.

Esta observação nos leva a desenvolver metodologias capazes de mapear o perfil de comportamentos ideal para cada cargo dentro da organização e ajudar os colaboradores a desenvolverem comportamentos específicos para o sucesso em suas atribuições.

Baseado na afirmação de que o que é avaliado pode ser aperfeiçoado, temos como objetivo avaliar esses comportamentos específicos que são pré-requisitos de sucesso para cada cargo, e fornecer *feedbacks* que sejam motivadores e desenvolvedores.

3. Mapeamento de Competências

Mapear competências significa identificar as competências técnicas e comportamentais que são pré-requisitos para a eficácia nas atividades, atribuições ou responsabilidades do cargo ou função.

Para que uma empresa tenha todo seu quadro de colaboradores trabalhando pelos mesmos objetivos, é imprescindível que todas as pessoas tenham perfil para o desempenho de suas atividades. Não podemos colocar no gol o jogador que não é bom na defesa, nem para cobrar uma falta o jogador que não é um bom artilheiro. É preciso ter o perfil específico que o leve a ter alto desempenho em suas atribuições. Este é um trabalho que começa na seleção, onde se faz o mapeamento do perfil de competências técnicas e comportamentais do cargo.

A realidade que temos nas empresas é que a maioria dos colaboradores não foram selecionados com estes critérios, por isso temos muitas pessoas fora do perfil, com necessidade de desenvolvimento de competência e, neste caso, as ferramentas de Avaliação com foco em Competências são de extrema valia para auxiliar, identificando quais as competências que devem ser priorizadas, desenvolvidas e praticadas para o sucesso no cargo.

4. Como Mapear um Perfil de Competências

Vamos conhecer alguns passos para mapear o perfil de competências de cargos ou funções:

*1º Passo: Pesquisa dos Indicadores de Competências
        do Cargo ou Função*

O caminho para encontrar as competências técnicas e comportamentais são os indicadores de competências do cargo ou função, portanto precisamos de *todas as informações a respeito do cargo* para chegar à conclusão de quais conhecimentos, habilidades e atitudes são imprescindíveis para o sucesso nos resultados do cargo.

A descrição possui todas as atividades, atribuições ou responsabilidades do cargo. São informações preciosas, cada atividade de uma descrição de cargo indica várias competências técnicas ou comportamentais.

Portanto, os indicadores de competências técnicas e comportamentais dos cargos ou funções são as atividades, atribuições ou responsabilidades, relacionadas na descrição do cargo ou função, desde que esteja atualizada, completa e tecnicamente correta.

Exemplo de parte de um perfil de cargo fictício

No quadro abaixo temos parte de um perfil de competências de um cargo fictício, onde através dos indicadores do cargo extraímos todos os conhecimentos, habilidades e atitudes necessários para o sucesso no cargo:

Exemplo da Extração do CHA

Cargo = Gerente Geral

Indicadores de Competências	Conhecimentos	Habilidades	Atitudes Competências Comportamentais
1. Emitir e analisar relatórios administrativos, financeiros e comerciais, obtidos através do sistema de gestão.	Conhecimento de Técnicas redação empresarial. Conhecimento de Gestão comercial e financeira Conhecimento do sistema de gestão vigente	Prática de Gestão administrativa, comercial e financeira, técnicas de redação e comunicação comercial.	Clareza. Objetividade. Capacidade de análise e síntese. Comunicação verbal Proatividade.

Indicadores de Competências	Conhecimentos	Habilidades	Atitudes Competências Comportamentais
2. Administrar a folha de pagamento de seus colaboradores.	Conhecimento das rotinas da folha de pagamento, normas e leis trabalhistas e cálculos matemáticos	Prática das rotinas de folha de pagamento.	Atenção. Administração do tempo. Clareza. Concentração. Relacionamento Interpessoal. Organização. Planejamento. Foco em resultados.
3. Recrutar, selecionar os novos colaboradores, substituindo-os quando necessário.	Conhecimento de técnicas de recrutamento e seleção. Conhecimento das rotinas dos colaboradores. Técnicas de entrevista.	Prática de recrutamento e seleção e substituição de falta de colaboradores. Habilidade para formular perguntas.	Organização, Planejamento, Estratégia. Empatia. Comunicação. Relacionamento interpessoal. Fluência verbal. Saber ouvir. Percepção. Atenção. Concentração. Imparcialidade. Ética. Foco em resultados. Bom humor
4. Administrar e acompanhar projetos e resultados de todas as equipes	Conhecimento das metas e procedimentos das equipes.	Domínio de técnicas de liderança.	Clareza. Objetividade. Empatia. Liderança participativa. Liderança *Coach*.

Anotações...

Indicadores de Competências	Conhecimentos	Habilidades	Atitudes Competências Comportamentais
			Liderança orientadora. Planejamento. Relacionamento interpessoal. Administração do tempo. Foco em resultados. Comunicação. Flexibilidade. Saber ouvir.
5. Responde para diretoria sobre todos os projetos em desenvolvimento, apresentando relatórios periódicos.	Conhecimento dos procedimentos internos.	Domínio de informática e técnicas de apresentação	Organização. Planejamento. Estratégia. Proatividade. Comunicação. Disciplina. Administração do tempo. Foco em resultados. Saber ouvir.

Como podemos observar nesta primeira etapa, extraímos o CHA (Conhecimentos, Habilidades e Atitudes), dos indicadores de competências, que são as atividades do cargo. Podemos verificar também que os conhecimentos e habilidades são os pré-requisitos técnicos e competências técnicas do cargo, e que a coluna de atitudes tem a relação de competências comportamentais imprescindíveis para o sucesso do cargo. Agora vamos para o segundo passo rumo à construção do perfil de competências.

Todos os conhecimentos, habilidades e atitudes foram extraídos dos indicadores de competências, sem uso de "achômetros", "achismos" ou "achologias". É um trabalho de análise, que tem como base a descrição de cargos. Tendo o perfil das competências comportamentais, estamos prontos para decidir que ferramenta vamos utilizar para identificar a presença dessas competências nos colaboradores que devem demonstrar este perfil para ter excelência em seus resultados.

As competências técnicas são aferidas através de testes específicos: matemática financeira, contabilidade, informática, português etc. Para essas competências aplicamos testes específicos, na maioria das vezes construído em conjunto com a liderança da área e o RH.

As competências comportamentais serão aferidas através do Medidor de Competências que será objetivo deste livro, a entregar a metodologia de desenvolvimento de competências comportamentais.

2º Passo: Agrupamento de Competências Comportamentais por Similaridade

No segundo passo, vamos buscar uma forma de organização para trabalhar com essas competências comportamentais, colocando-as em pequenos grupos, que nos permitam criar ferramentas de avaliação para observá-las ou utilizar ferramentas de avaliação com foco na análise das mesmas.

Competências Comportamentais
Perfil Comportamental do Cargo

1. Administração do tempo.
2. Atenção.
3. Bom humor.
4. Capacidade de análise e síntese.
5. Clareza.
6. Comunicação verbal.
7. Concentração.
8. Disciplina.
9. Empatia.
10. Estratégia.
11. Ética.
12. Flexibilidade.

Anotações...

Competências Comportamentais
Perfil Comportamental do Cargo
13. Fluência verbal.
14. Foco em resultados.
15. Imparcialidade
16. Liderança *Coach*.
17. Liderança orientadora.
18. Liderança participativa.
19. Objetividade.
20. Organização.
21. Percepção.
22. Planejamento.
23. Proatividade.
24. Relacionamento interpessoal.
25. Saber ouvir.

Agrupamento de Competências por Similaridade

Nºs dos Grupos	Grupos de Competências	Grau
Grupo I: Competências orientadas para o cliente	Clareza. Objetividade. Comunicação verbal. Fluência verbal. Comunicação. Bom humor. Empatia.	5
Grupo II: Competências orientadas para liderança ou gestão de pessoas	Administração do tempo. Flexibilidade. Liderança *Coach*. Liderança orientadora. Liderança participativa. Relacionamento interpessoal. Saber ouvir.	4

Nos dos Grupos	Grupos de Competências	Grau
Grupo III: Competências orientadas para resultados	Atenção. Capacidade de análise e síntese. Concentração. Disciplina. Foco em resultados. Imparcialidade. Objetividade. Organização. Percepção. Planejamento. Proatividade	5

Abaixo temos um resumo dos pré-requisitos do cargo e das competências técnicas que o cargo exige.

Competências Técnicas (Pré-requisitos) O "C" e o "H" do CHA

Conhecimentos	Habilidades
Conhecimento de Técnicas redação empresarial. Comunicação escrita Conhecimento de Gestão comercial e financeira Conhecimento do sistema de gestão *específico do cargo*. Conhecimento das rotinas da folha de pagamento, normas, leis trabalhistas e cálculos matemáticos. Conhecimento de técnicas e ferramentas de recrutamento e seleção de pessoal. Técnicas de entrevista Conhecimento das rotinas dos colaboradores.	Prática de Gestão Comercial e financeira e redação comercial. Prática das rotinas de folha de pagamento. Prática de técnicas e ferramentas de recrutamento e seleção de pessoal. Habilidade para formular perguntas.

Como podemos observar, não há nenhum segredo para mapear competências.

Existem várias metodologias, e este é um método simples, objetivo, consistente e de fácil assimilação. Sempre que vamos fazer avaliação de um cargo, é importante observar todas as mudanças que aconteceram nas atividades e atualizar o perfil de competências, para que tenhamos uma avaliação eficaz, baseada em informações atualizadas.

Não podemos correr o risco de avaliar um perfil do passado. Nosso foco é sempre no presente e no futuro, com informações atuais, perfil atualizado e uma avaliação eficaz, focada no desenvolvimento do avaliado.

3º Passo: Definição das Competências Técnicas e Comportamentais

No terceiro passo vamos criar o modelo do mapeamento, compreendendo que:

- Conhecimentos e Habilidades são competências técnicas do cargo, são o "C" e o "H" do CHA.
- Atitudes são as Competências Comportamentais, são o "A" do CHA.
- Fazer a definição das competências.

Modelo do Perfil do Cargo de Gerente Geral
Competências Técnicas

Competências Técnicas	Definições
Conhecimento e prática de técnicas redação empresarial. Comunicação escrita.	Conhecimento da língua portuguesa e de relatórios, redação e comunicação escrita, usando clareza e objetividade em documentos escritos e informações escritas a clientes internos e externos.

Competências Técnicas	Definições
Conhecimento e prática de gestão comercial e financeira.	Conhecimento de técnicas e gestão de finanças, matemática comercial e financeira, noções de contabilidade para gerir a unidade com foco em resultados.
Conhecimento e prática do sistema de gestão *específico do cargo*.	Capacidade de operacionalizar os sistemas formais e informatizados de gestão específica do cargo gerencial.
Conhecimento e prática das rotinas da folha de pagamento, normas, leis trabalhistas e cálculos matemáticos.	Capacidade e domínio das rotinas de folha de pagamento, legislação trabalhista, normas, regulamentos e políticas utilizadas pela empresa.
Conhecimento e prática de técnicas e ferramentas de recrutamento e seleção de pessoal. Habilidade para formular perguntas.	Domínio de técnicas e ferramentas consistentes e atualizadas de recrutamento e seleção de pessoas, com objetivo de trazer para unidade talentos específicos para o sucesso no cargo.
Conhecimento e prática das rotinas dos colaboradores.	Domínio das rotinas e atribuições do colaboradores da equipe com objetivo de fazer acompanhamento, treinamento e avaliação de *performance*, na busca de resultados eficazes.

Grupo de Competências Comportamentais

Nºs dos Grupos	Grupos de Competências	
Grupo I: Competências orientadas para o cliente.	Clareza. Objetividade. Comunicação verbal. Fluência verbal. Comunicação interpessoal. Bom humor. Empatia.	Capacidade de criar técnicas eficazes de comunicação com todos os clientes internos e externos, influenciando positivamente e superando as necessidades e expectativas.

Anotações...

Nºs dos Grupos	Grupos de Competências	
Grupo II: Competências orientadas para liderança ou gestão de pessoas	Administração do tempo. Flexibilidade. Liderança Coach. Liderança orientadora. Liderança participativa. Relacionamento interpessoal. Saber ouvir.	Capacidade de coordenar, treinar, orientar, integrar e motivar equipes, fornecendo o suporte necessário para a eficácia em resultados.
Grupo III: Competências orientadas para resultados	Atenção. Capacidade de análise e síntese. Concentração. Foco em resultados. Imparcialidade. Objetividade. Organização. Percepção. Planejamento. Proatividade	Capacidade de estabelecer ordem de prioridade às suas ações, de forma a cumprir sua agenda de compromissos, utilizando-se das melhores práticas do mercado, para atingir excelência em resultados.

Com a finalização do 3º passo, temos o mapeamento do perfil de competências técnicas e comportamentais do cargo.

O mapeamento do perfil será a base para o desenvolvimento de todas as demais ferramentas: de seleção, avaliação e treinamento.

5. Como Mensurar Competências

Nesta ferramenta não há nenhuma inferência da equipe gestora do projeto ou das lideranças. A mensuração é fornecida pela própria metodologia, tendo como indicadores as atribuições dos cargos.

Nos exemplos anteriores, extraímos as competências dos indicadores, depois agrupamos as competências por similaridade.

A técnica da mensuração se resume em:

- Identificar a quantidade de indicadores de competências (atividades do cargo constante na descrição do cargo).
- Verificar nos grupos de competências similares, quantas vezes cada indicador de competências indicou pelo menos uma competência do grupo. Tendo indicado uma competência, indicou o grupo.
- Exemplo: Se temos um cargo com 15 atividades e as 15 indicaram pelos menos uma competência de cada grupo, este grupo terá o grau máximo de indicações. Se em 15 indicadores tivermos uma quantidade menor de indicação, podemos fazer regra de três simples para chegar ao grau, considerando o critério abaixo para determinar o graus.

Critério para Mensuração de Competências

5 Forte evidência da competência	4 Boa evidência da competência	3 Média evidência da competência	2 Pouca evidência da competência	1 Pouquíssima evidência da competência
Dê o grau 5 se você achar forte evidência da competência investigada.	**Dê o grau 4** se você achar boa evidência da competência investigada	**Dê o grau 3** se você achar média evidência da competência investigada.	**Dê o grau 2** se você achar pouca evidência da competência investigada.	**Dê o grau 1** se você achar pouquíssima evidência da competência investigada.
O cargo necessita de excelência nas competências.	O cargo precisa que essas competências estejam acima da média.	O cargo precisa medianamente dessas competências.	A necessidade dessas competências para o cargo está abaixo da média.	O cargo precisa pouquíssimo dessas competências.

Anotações...

5 Forte evidência da competência	4 Boa evidência da competência	3 Média evidência da competência	2 Pouca evidência da competência	1 Pouquíssima evidência da competência
O colaborador precisa de grau máximo nessas competências.	O colaborador precisa ter essas competências acima da média.	O colaborador precisa ter essas competências na média.	O colaborador pode ter essas competências abaixo da média.	O colaborador precisa pouquíssimo dessas competências.

Capítulo IV

Avaliação e Feedback

1. Benefícios da Avaliação por Competências

- Processo facilitador do autoconhecimento, autodesenvolvimento, autocrítica, autorreformulação e melhoria contínua.
- Estimula o desenvolvimento das competências que são necessárias para a eficácia em todas as atribuições dos cargos.
- Estimula o líder a desenvolver as competências da liderança *Coach*, para que seja capaz de treinar, orientar, desenvolver, integrar e motivar a equipe para eficácia em resultados.
- Estreita o relacionamento entre líder e liderado, ou seja, entre avaliador e avaliado.
- Promove o planejamento de acompanhamento de metas conjuntas de desenvolvimento,
- Fornecer histórico de desenvolvimento de cada colaborador,
- Fornece relatórios de *gaps* de competências dos colaboradores, cargos, equipes, áreas, departamentos, unidades e da empresa toda, entregando um rico levantamento de necessidade de treinamento e desenvolvimento.
- Tira a empresa da subjetividade, fornecendo ferramentas objetivas e mensuráveis, que podem ser utilizadas por qualquer profissional de qualquer área.
- O critério de mensuração não depende da subjetividade dos gestores nem da equipe gestora do projeto.
- Mapeamento de perfil e mensuração de competências são embasados nos indicadores de competências do cargo.
- A própria metodologia fornece claramente os graus necessários para cada grupo de competências similares.
- RH e gestores estarão instrumentalizados com a ferramenta mais atualizada do mercado e com maior foco para fazer desenvolvimento de Competências e, consequentemente, desenvolvimento de pessoas.
- A possibilidade de ter ferramentas que promovam uma gestão visível e mensurável gera credibilidade e fortalece a parceria en-

tre a equipe gestora do projeto e os gestores de todos os níveis hierárquicos da empresa.

- A equipe gestora do projeto ganha visibilidade e credibilidade de toda empresa, podendo ocupar uma posição cada vez mais estratégica na gestão da empresa.

2. Conceito de *Feedback*

O conceito de *feedback* é herdado de teorias de sistemas. Significa na tradução literal retroalimentação ou realimentação, isto é, processar informações significativas e transmiti-las ao sistema para continuidade do seu funcionamento. No *feedback* motivacional, vamos processar informações para transmitir às pessoas com objetivo de alimentar a autoestima e mostrar caminhos de aperfeiçoamento contínuo.

É muito comum quando se pergunta às pessoas o que é feedback, ter como resposta: Retorno.

Uma comunicação bilateral, de duas vias, só existe quando há um retorno. Uma pergunta precisa de uma resposta e a resposta é o retorno. Só que não estamos nos referindo a este tipo de retorno, mas sim ao retorno motivacional e desenvolvedor. O retorno que esclarece, posiciona, mostra caminhos, estabelece metas de aperfeiçoamento, reconhece e valoriza as pessoas pelo que elas fazem ou pela forma como se comportam.

Vamos então nos estender um pouco mais falando dos vários tipos de *feedback*: positivo, construtivo e destrutivo. Qual será mais eficaz para motivar e desenvolver pessoas?

3. Tipos de *Feedback*

3.1. Feedback Positivo

É um presente que damos a alguém.

É demonstrar apreço, reconhecimento e valorizar o que as pessoas fazem de bom.

É reforçar os pontos fortes para aumentar os comportamentos positivos nas pessoas. É alimentar a autoestima, contribuindo para aumentar segurança, autoconfiança, otimismo, persistência, determinação, criatividade, poder de realização. É demonstrar que as pessoas são notadas, percebidas, apreciadas e valorizadas quando realizam coisas positivas ou se comportam de forma positiva. É tornar as pessoas visíveis quando fazem coisas positivas e fazer com que elas saibam disso.

Quando recebemos o feedback, procuramos entender como somos vistos pelo outro.

O objetivo é aumentar a consciência e a autopercepção e, com isso, melhorar o relacionamento e o desempenho conjunto.

3.2 Feedback Construtivo

Criticar faz parte da comunicação. A crítica é a identificação de coisas que podem ser perfeiçoadas, e a forma de comunicar esta crítica é o diferencial que pode afastar ou aproximar, demonstrar a intenção positiva de contribuir ou não. A escolha certa para fazer a crítica pode gerar desenvolvimento, a escolha errada gera desmotivação e insegurança.

Quando o objetivo é inspirar e influenciar pessoas no trabalho, saber criticar adequadamente, reconhecer e valorizar, podem ser as habilidades interpessoais mais significativas que se podem desenvolver.

A crítica ou o *feedback* construtivo, qualquer que seja sua intenção, é definida como sendo:

❏ Toda informação específica referente a um determinado comportamento ou desempenho, que encoraja uma pessoa a melhorá-

-los, reforçá-los ou desenvolvê-los; portanto, a intenção é positiva, de contribuir com melhoria contínua.

❑ Toda informação que leva uma pessoa a tomar consciência de que seu comportamento ou desempenho atingiu o padrão desejado, a fim de incentivá-lo e reforçá-lo, é um *feedback* motivacional, com firme inteção de reforçar os pontos fortes.

3.3 *Feedback* Destrutivo

Um *feedback* é destrutivo quando:

❑ Não tem intuito de ajudar e sim de prejudicar o outro.

❑ Quando tem foco apenas em comportamentos e desempenhos negativos.

❑ Quando as pessoas só se tornam visíveis através dos erros ou comportamentos negativos.

- O desempenho e comportamentos positivos são ignorados.
- Quando há ausência de reconhecimento e valorização e ênfase nos erros e comportamentos inadequados.
- Quanto atinge de forma negativa a autoestima das pessoas.
- Quando a autoestima das pessoas é rebaixada, tornando-as inseguras, pouco confiantes na sua capacidade de realização.

4. Como Fornecer *Feedback*

Em primeiro lugar observamos o equilíbrio das nossas emoções. Caso as emoções estejam alteradas, não é o melhor momento para fornecer o feedback, é preciso primeiro lembrar que aquela pessoa que errou tem qualidades e acerta muito mais do que erra, depois pensar na melhor forma de contribuir para que erros desta natureza não se repitam.

Se puder contribuir com o aperfeiçoamento e enriquecimento do perfil:

- Nos dirigimos diretamente à pessoa, olho no olho, com empatia e respeito.
- Usamos uma comunicação positiva demonstrando desejo de contribuir.
- Fazemos perguntas para entender o que o avaliado pensa e quais suas expectativas.
- Seguimos o ditado: "Elogie em púbico e critique em particular".
- Iniciamos sempre pelos pontos fortes, alimentando a autoestima do avaliado, ou da pessoa que está recebendo o *feedback*.

- ❏ Ouvimos com atenção, empatia e respeito.
- ❏ Estabelecemos metas de manutenção dos pontos altos, dando ênfase aos diferenciais de qualidade pessoal.
- ❏ Abordamos os pontos a serem melhorados, sempre ilustrando com dados reais.
- ❏ Fazemos com que o avaliado compreenda que precisa melhorar o seu perfil de competências.
- ❏ Estabelecemos prazos fixados para reavaliação das competências que precisam de reforço.
- ❏ Finalizamos a avaliação dando espaço para que o avaliado fale.
- ❏ Enfatizamos as metas consensadas.
- ❏ Reforçamos mais alguns pontos fortes, para estimular autoestima e terminar em clima de bem estar.

5. Como Receber *Feedback*

Durante o *feedback*, o avaliado deve ouvir atentamente:

- ❏ Não replicar.
- ❏ Não retrucar.
- ❏ Não se justificar.
- ❏ Em caso de dúvidas, fazer perguntas que o ajude a compreender o raciocínio do avaliador.
- ❏ Se colocar no lugar do avaliador e imaginar como conduziria esta situação.
- ❏ Solicitar esclarecimentos para assegurar o entendimento.
- ❏ Ao final, agradecer o esforço e a contribuição do outro.
- ❏ Fazer uma análise profunda de tudo que ouviu e das metas que consensou para seu desenvolvimento.
- ❏ Por em prática o plano de ação, solicitando ajuda quando necessário.

Anotações...

FERRAMENTAS PARA AVALIAÇÃO COM FOCO EM COMPETÊNCIAS

CAPÍTULO V

Ferramentas de Avaliação com Foco em Competências

Ferramenta 1 – Medidor de Competências

1. Benefícios da Ferramenta Medidor de Competências

Trata-se de uma ferramenta personalizada para cada cargo, construída especificamente para avaliar, monitorar, desenvolver competências nas pessoas que precisam enriquecer seus perfis, criando a possibilidade de que cada colaborador possa complementar e enriquecer o seu perfil e assim dar o máximo de produtividade.

O medidor de competências é mais do que simplesmente um conjunto de ferramentas de mensuração. É principalmente uma ferramenta educacional, útil para avaliar, treinar, desenvolver e orientar todos os membros da equipe a buscarem eficácia em resultados.

Benefícios do Medidor de Competências:

- Todos terão ciência do que é bom para o seu desenvolvimento e o da equipe
- Todos terão informação clara e precisa sobre qual é o perfil de competências do seu cargo e qual o seu perfil de competências.

- Todos terão um plano de desenvolvimento de competências com acompanhamento do gestor imediato e do RH, para estimular o desenvolvimento do seu perfil.
- Todos poderão encurtar caminhos de desenvolvimento através de um plano de ação focado no que verdadeiramente precisa ser desenvolvido para alcançar seus objetivos de plano de carreira.
- Todos terão ciência do que é preciso para que desempenhem de acordo com a expectativa da sua liderança, do seu cargo e da empresa.
- Todos receberão *feedbacks* pontuais e periódicos das suas lideranças sobre seu desempenho e desenvolvimento.
- O *feedback* torna-se uma prática comum, e as pessoas estimulam autoestima umas das outras, criando um clima positivo e produtivo.
- O líder cria a cultura do *feedback* e estimula todos a usarem esta ferramenta para fortalecer pontos positivos uns dos outros.
- O líder da equipe toma ciência do seu papel de liderança *Coach*, para obter o máximo da equipe e para criar resultados extraordinários com e através das pessoas.
- O líder da equipe aprende o que precisa para contar com o respeito, admiração e compromisso de todos os membros da equipe.
- O líder da equipe e a equipe em si serão capazes de monitorar o progresso e adotar corretivos, se necessários.

2. Medidor de Competências

O questionário das páginas seguintes contém vários Medidores de Competências, para cada competência, que caracterizam a estimulação para uma equipe bem administrada e bem sucedida. Estes Medidores se aplicarão a muitas competências e muitos cargos, mas devem ser customizados para cada cargo ou função. Cada cargo deverá ter o seu próprio questionário de avaliação, com base nas competências do mapeamento. Todas as competências mapeadas e mensuradas do cargo deverão ser avaliadas pelos Medidores de Competências.

Anotações...

Anotações...

Neste exemplo, cujo objetivo é servir de fonte de pesquisa para que as empresas possam fazer o perfil de competências de cada cargo ou função, para cada competência, há alguns medidores, um número de afirmações positivas, cuja função é avaliar a competência em questão, no perfil comportamental do avaliado.

Os diversos exemplos se destinam a servir como referência para os mais diversos cargos dos mais diversos segmentos empresariais.

Na avaliação real, personalizada para cada cargo, não será necessário ter vários medidores para cada competência, ao contrário, para ter uma ferramenta otimizada e objetiva, poderemos fazer um medidor de competências para uma a três competências similares. Isso fará com que as ferramentas de avaliação sejam bastante objetivas, tendo entre dez a quinze medidores no máximo, mesmo para os cargos mais complexos, o que facilitará a administração do tempo daqueles gestores que possuem uma equipe com grande número de colaboradores.

5 Forte evidência da competência	4 Boa evidência da competência	3 Média evidência da competência	2 Pouca evidência da competência	1 Pouquíssima evidência da competência
Dê o grau 5 se você achar forte evidência da competência investigada.	Dê o grau 4 se você achar boa evidência da competência investigada	Dê o grau 3 se você achar média evidência da competência investigada.	Dê o grau 2 se você achar pouca evidência da competência investigada.	Dê o grau 1 se você achar pouquíssima evidência da competência investigada.
O colaborador precisa de grau máximo nessas competências.	O colaborador precisa ter essas competências acima da média.	O colaborador precisa ter essas competências na média.	O colaborador pode ter essas competências abaixo da média.	O colaborador precisa pouquíssimo dessas competências.

3. Exemplos de Medidores de Competências

Nº	Medidores de Competências	5	4	3	2	1
1	**Agilidade – Definição:** Capacidade de prontidão de entrega, reunindo as condições necessárias para agir com velocidade e rapidez que a ocasião exija.					
1	Tem facilidade de locomover-se, tem ótima coordenação dos movimentos e facilidade com trabalhos manuais.					
2	Possui agilidade suficiente para o bom desempenho de suas atribuições.					
3	Sente facilidade em executar tarefas com rapidez e objetividade, mesmo quando solicitada em cima da hora.					
4	Seu preparo físico e agilidade de movimentos aceleram sua produtividade a salvo de acidentes.					
5	Tem excelência na prontidão de respostas.					
2	**Administração do tempo – Definição:** Capacidade de organizar-se no desempenho das atribuições, priorizando tarefas e atribuindo a cada tarefa o tempo correspondente a sua necessidade.					
1	Organiza-se para cumprir prazos de acordo com o combinado.					
2	Não perde tempo com assuntos desnecessários.					
3	Dá ordem de prioridade às ações diárias de forma que começa sempre pelo mais importante.					
4	Faz uso de agenda virtual ou física, cronograma ou *check list*, para facilitar sua forma de organização e administração do tempo.					

Anotações...

Anotações...

Nº	Medidores de Competências	5	4	3	2	1
3	**Capacidade de análise – Definição** Capacidade de organizar informações e utilizar ferramentas que permitam análises e sínteses criteriosas e conclusões assertivas.					
1	Realiza análises criteriosas antes de tomar uma decisão importante.					
2	Tem facilidade para fazer análises rápidas e assertivas em situações de pressão.					
4	**Capacidade de cumprir normas e procedimentos – Definição:** Capacidade de entender as regras e políticas preestabelecidas e proceder dentro das expectativas.					
1	Procura entender as normas e procedimentos da empresa para ajustar-se ao que é esperado.					
2	Mesmo quando não concorda com um procedimento, procura cumprir as regras do jogo.					
3	Prima pelo cumprimento de normas, políticas e procedimentos e influencia a equipe a fazer o mesmo.					
5	**Comprometimento – Definição:** Capacidade de disponibilizar todo o potencial em prol dos objetivos e metas da empresa.					
1	Dá o máximo de si todos os dias para garantia dos resultados.					
2	Assume tudo como se fosse dono do negócio, fazendo com que os sucessos e os fracassos sejam compartilhados por todos.					
3	Está profundamente comprometido com o trabalho e resultados.					
4	Trabalha duro para atender à demandas e expectativas esperadas.					
5	Tem orgulho de pertencer à equipe e à empresa.					
6	Defende a equipe e a empresa contra ataques de terceiros.					
7	Sempre tem idéias e sugestões de melhoria e compartilha com a equipe.					

Nº	Medidores de Competências	5	4	3	2	1
8	Demonstra ser ativo, participante e engajado, trazendo muitas sugestões de melhoria.					
9	Colabora para que haja integração, engajamento, união, entusiasmo e espírito de sucesso.					
6	**Comunicação Interpessoal – Definição:** Capacidade de interação positiva com os componentes da equipe, clientes internos e externos, aprendendo e ensinando em todas as situações que se fazem necessárias.					
1	Tem boa interação no trabalho de equipe. Interage positivamente e sente-se parte do time.					
2	Vê suas tarefas e atividades como elementos que são parte de um processo completo e mantém relacionamento harmonioso com todos envolvidos.					
3	Tem interesses nas especialidades dos outros membros, propõe trocas que fortaleçam a comunicação para o sucesso do processo.					
4	Conhece seus pontos fortes e fracos e utiliza este conhecimento para fortalecer o processo de trabalho com os outros.					
5	Conhece os pontos fortes e fracos de todos os companheiros de equipe e utiliza este conhecimento para fortalecer o processo do trabalho e os resultados da equipe.					
6	Compreende o fluxo de trabalho e o sistema por trás dele, valorizando as interações.					
7	Pode passar uma tarefa à frente de forma que fique mais fácil para o próximo dar continuidade à mesma.					
8	Assume as tarefas de tal modo que o trabalho flua normalmente num ambiente positivo.					

Anotações...

Anotações...

Nº	Medidores de Competências	5	4	3	2	1
9	Comunica-se continuamente com os demais membros da equipe e faz parte da sua rotina ouvir, fazer perguntas, dar informação, dar retorno etc.					
10	Sabe em que estágio do processo de trabalho há uma necessidade de contribuição e se faz presente através de uma comunicação positiva.					
7	**Criatividade e Inovação – Definição:** Capacidade de apresentar soluções inesperadas e inovadoras para solucionar problemas difíceis.					
1	Costuma ter soluções criativas para problemas que parecem difíceis de serem resolvidos.					
2	Se faltar recursos na condução de um projeto, sempre encontra uma saída interessante e soluciona o problema.					
3	Costuma apresentar sugestões inesperadas e inovadoras para resolver problemas difíceis.					
4	Está sempre criando um jeito novo de resolver problemas antigos.					
5	Faz uso de idéias criativas no aperfeiçoamento de seus processos.					
6	Tem um arquivo interminável de grandes e produtivas idéias.					
8	**Disciplina – Definição:** Capacidade de entender e cumprir as normas, políticas e procedimentos preestabelecidos, de forma a priorizar a eficácia nos resultados.					
1	Demonstra ter total compatibilidade com os padrões disciplinares da organização. É um exemplo para a equipe.					
2	Acata novas ordens disciplinares com facilidade.					
3	Aceita as normas disciplinares e procura cumpri-las na medida do possível.					

Nº	Medidores de Competências	5	4	3	2	1
4	Tem muita facilidade para acatar as ordens disciplinares, nunca transgride uma norma disciplinar.					
5	Conhece normas de segurança, não se expõe a situações perigosas.					
6	Conhece e domina regras para prevenir acidentes, é extremamente atento.					
7	É altamente disciplinado no cumprimento de suas rotinas e responsabilidades.					
9	**Empatia – Definição:** Capacidade de se colocar no lugar do outro, enxergando pelos olhos do outro, pelas motivações, interesses e percepções. É perceber sentimentos e emoções no outro e interagir de forma positiva com esses sentimentos e emoções.					
1	Entende a necessidade das pessoas e oferece ajuda, quando possível.					
2	Sempre tem uma palavra de apoio e encorajamento para com um colega de trabalho.					
3	Percebe quando uma pessoa não está bem e dá estímulos positivos.					
4	Atende aos clientes internos com total compromisso e profissionalismo.					
5	Está sempre atento a fornecer uma informação, ou uma ajuda a quem o solicite.					
10	**Empreendedorismo – Definição:** Capacidade de criar e reformular estratégias para investir na eficácia em resultados.					
1	Sempre que vê a oportunidade de desenvolvimento no processo, imediatamente age para se beneficiar disso.					

Anotações...

Anotações...

Nº	Medidores de Competências	5	4	3	2	1
2	Está sempre buscando novas formas de melhorar resultados.					
3	Busca aperfeiçoamento continuamente, tanto nas suas habilidades técnicas quanto comportamentais.					
4	Investe profundamente nos seus resultados e da equipe.					
11	**Equilíbrio Emocional – Definição:** Capacidade de manter ponderação e bom senso em situações de imprevistos, adversidades e pressão, comunicando-se de maneira exemplar e conduzindo as ações de forma equilibrada.					
1	Tem muita facilidade para lidar com adversidades, mantendo o equilíbrio das emoções.					
2	Diante de dificuldades e imprevistos, age com total equilíbrio, trazendo bem estar e facilidade para soluções.					
3	Não perde o equilíbrio das emoções nem altera-se com muita facilidade quando é contrariado.					
4	É uma pessoa totalmente previsível, estável e comedida nas atitudes.					
5	É um exemplo de ponderação, bom senso e lida com situações adversas de maneira exemplar.					
12	**Espírito de equipe – Definição:** Desenvolver uma relação de complementaridade com os membros da equipe, ser capaz de promover divisões justas de tarefas, ter iniciativa para cooperar, estar comprometido com resultados da equipe, compartilhar e comemorar metas atingidas e resultados alcançados.					
1	Entende e compartilha das metas e objetivos da equipe, ajudando a definir as ações do dia-a-dia.					

Nº	Medidores de Competências	5	4	3	2	1
2	Aceita, defende e vive de forma positiva com os valores e critérios da equipe.					
3	Está em perfeita sintonia com a equipe. O sucesso de cada um contribui para o da equipe e vice-versa.					
4	Direciona os esforços para os resultados da equipe. Rema no mesmo sentido que a equipe.					
5	Monitora o desempenho e progresso em relação às entregas da equipe.					
13	**Foco em resultados – Definição:** Capacidade de se comprometer com os resultados, dando o máximo do seu potencial para fortalecer o time e buscar os resultados através das melhores práticas.					
1	Organiza-se diretamente em torno dos critérios necessários para o sucesso do time.					
2	Dedica tempo e energia agregando valor, criando e fortalecendo o sucesso da equipe.					
3	Têm visão clara de seu papel e esforça-se para desempenhá-lo da melhor forma.					
4	Não gasta nenhuma ou quase nenhuma energia em questões políticas ou brigas e disputa por território.					
6	Concentra-se no processo de criar resultados eficazes.					
7	Procura cumprir prazos e cumprir o prometido, sem prejuízo da qualidade.					
8	Toma todas as ações necessárias para entregar o melhor resultado possível.					
9	Termina tudo que começa, nunca deixando uma atividade inacabada.					

Anotações...

Anotações...

Nº	Medidores de Competências	5	4	3	2	1
10	Assume total responsabilidade pela qualidade das suas atividades.					
11	Tem orgulho da qualidade do trabalho que realiza.					
14	**Flexibilidade – Definição:** Capacidade de adaptação rápida a situações inesperadas e facilidade de encontrar novas soluções para resolver problemas e adversidades.					
1	Está disposto e é capaz de mudar suas táticas e comportamentos instantaneamente, sempre que necessário.					
2	Adapta-se facilmente a novas regras, situações e a novas condições.					
3	A flexibilidade é uma prática comum mesmo em momentos difíceis no dia a dia.					
4	Está sempre pronto para o inesperado e tenta aprender o máximo com a situação.					
5	Está sempre disposto a contribuir, alterar processos, mudar o que for necessário para excelência nas entregas.					
15	**Liderança participativa – Definição:** Capacidade de ouvir as pessoas da equipe, estimulando sugestões, se fazendo presente nos momentos difíceis da equipe, e fornecendo todas as informações e suporte necessários para estabelecer harmonia, segurança e clima de bem estar.					
1	Como líder é um engajado, um membro da equipe.					
2	Faz-se presente, participa e se compromete com o sucesso da equipe e com o de cada membro, fazendo o seu melhor.					

Nº	Medidores de Competências	5	4	3	2	1	Anotações...
3	Sabe o que se passa com a equipe e dá sua contribuição para integração e resultados.						
4	Demonstra interesse no desempenho de cada membro e contribui com sua experiência.						
5	Continua a se envolver na monitoração do progresso dos projetos que tenham iniciado.						
6	O reconhecimento e críticas são baseados em conhecimento de causa.						
7	Participa das atividades da equipe: faz reuniões, treinamentos, ações motivacionais etc						
16	**Liderança empreendedora – Definição:** Capacidade de investir no crescimento e desenvolvimento da equipe, motivando a novos desafios, treinando, orientando e tendo compromisso real com sucesso de todos os componentes do time.						
1	O líder está disposto a passar responsabilidade para equipe, ele incentiva e prepara a equipe para delegação.						
2	Ajuda a todos a lutar e a alcançar sucesso.						
3	Passa serviço para todos de forma equilibrada.						
4	Incentiva a servir nossos clientes internos e externos com excelência independente da hierarquia.						
5	Concentra-se mais nos pontos fortes da equipe do que nos fracos, tem foco no positivo.						
6	Repreende de tal modo a manter autoestima da equipe elevada.						
7	Concentra-se no sucesso e resultados da equipe, e não no seu próprio, em sua posição ou status.						

Anotações...

Nº	Medidores de Competências	5	4	3	2	1
8	Aguarda e aceita as idéias e sugestões da equipe; a equipe não tem que promover as idéias dele.					
9	Inspira a equipe a dar o máximo e a usar o seu talento e conhecimento em prol dos resultados.					
17	**Liderança ética e comprometida – Definição:** Capacidade do líder em ser um exemplo a ser seguido pelos componentes da equipe, demonstrando integridade, respeito pelas pessoas, agindo com imparcialidade e justiça.					
1	Contribui muito para que a imagem da equipe seja positiva diante de todos.					
2	Faz-se respeitar pelo conhecimento, habilidades e atitudes, demonstradas no trabalho diário e no relacionamento com a equipe.					
3	É respeitado pela sua eficácia e transparência, demonstrada em cada ação com a equipe.					
4	É íntegro, ético e justo nas decisões que toma.					
5	Fornece todas as informações necessárias para assegurar bons resultados.					
6	Defende a equipe contra ataques de outras pessoas ou outras equipes.					
7	Nunca trai um membro da equipe para "salvar a própria pele".					
8	Fala positivamente da equipe fora da equipe e somente faz críticas construtivas no âmbito da equipe.					
9	Nunca assume os créditos por algo que a equipe em si tenha feito, mas compartilha de forma justa.					

Nº	Medidores de Competências	5	4	3	2	1
10	Culpa a si próprio e não aos outros pela falta de sucesso.					
11	Promove e apóia a cooperação e parceria com outras equipes e líderes de equipes.					
18	**Liderança motivadora – Definição:** Capacidade do líder de estimular o colaborador para desafios e reconhecer e valorizar o bom desempenho.					
1	Reconhecimentos, recompensas e repreensões dadas para a equipe inteira seguem as mesmas regras de transparência e imparcialidade.					
2	Conhece e cumpre regra: "O que é bem feito é normalmente valorizado".					
3	Todos os membros recebem reconhecimento por desempenhos individuais, inclusive aqueles cujo desempenho inicial não tenha ficado visível.					
4	Todos recebem reconhecimento pelo sucesso da equipe e da organização.					
5	A todos os membros que puderem e que estiverem dispostos serão oferecidos mais responsabilidade, liberdade de ação e novos desafios.					
6	Demonstra consideração e respeito por seus clientes internos.					
7	O desenvolvimento pessoal é incentivado, reconhecido e recompensado.					
8	Reconhece os bons resultados alcançados por um colega da equipe e fornece *feedbacks* positivos.					

Anotações...

Anotações...

Nº	Medidores de Competências	5	4	3	2	1
19	**Organização e Planejamento – Definição:** Capacidade de organizar e estabelecer ordem de prioridade às tarefas, mesmo diante situações adversas, e otimizar procedimentos em favor da eficácia em resultados.					
1	Sabe administrar as tarefas, organizar e planejar para obter resultados eficazes.					
2	Tem hábito de planejar as tarefas diárias mesmo em meio a dificuldades e imprevistos.					
3	Utiliza técnicas de planejamento em todos os projetos que desenvolve.					
4	Faz planejamento detalhado de cada passo do que deve ser feito e toma todas as providências para alcançar o sucesso.					
5	Pode encontrar com facilidade qualquer pasta ou documento que lhe seja solicitado.					
6	Nunca perde tempo procurando coisas perdidas.					
7	Trabalha num ambiente organizado onde tudo tem um lugar certo para ser guardado.					
8	Tem o hábito de trabalhar com a mesa bem organizada e limpa.					
9	Seus arquivos virtuais e físicos são extremamente organizados.					
10	Tem sempre um método eficaz para realização das atribuições, mesmo quando não há um procedimento padrão.					

Nº	Medidores de Competências	5	4	3	2	1
20	**Negociação e Persuasão – Definição:** Capacidade de criar estratégias específicas para atingir um determinado resultado por meio de técnicas de comunicação e argumentação eficaz que levem ao melhor resultado possível.					
1	Tem excelente poder de argumentação e convencimento.					
2	Ouve com atenção e planeja a melhor forma de apresentar suas idéias.					
3	Tem uma comunicação clara, empática, agradável e prende atenção das pessoas com facilidade quando se posiciona.					
4	É persistente sem ser insistente, e argumenta com elegância e consistência.					
5	Usa um tom de voz agradável e envolvente em suas argumentações.					
21	**Persistência e determinação – Definição:** Capacidade de manter o foco nas metas e objetivos, reformulando os caminhos necessários diante de adversidades, sem jamais desistir.					
1	Quando um projeto não vai bem, reavalia para encontrar o caminho certo para o sucesso.					
2	Se comete um erro, procura corrigir imediatamente para evitar conseqüências danosas para os resultados.					
3	Nunca deixa nada pela metade, termina tudo que começa.					
4	Por mais desgastante que seja uma missão, não fica tranquilo enquanto não vê o resultado.					

Anotações...

Anotações...

Nº	Medidores de Competências	5	4	3	2	1
5	Enfrenta adversidades, redefinindo as estratégias para atingir seus objetivos.					
22	**Proatividade – Definição:** Capacidade de se antecipar aos fatos, tendo ações preventivas no sentido de conduzir aos melhores resultados.					
1	Percebe quando vai ocorrer um problema. Antecipa ações para lidar com os obstáculos prováveis.					
2	Quando desenvolve um projeto, planeja de forma que seja possível antecipar todas as ações que envolvem outras pessoas sem prejudicá-las.					
3	Consegue prever acontecimentos e evitar adversidades ou erros.					
23	**Relacionamento interpessoal e consenso – Definição:** Capacidade de se relacionar de forma construtiva, demonstrando consideração e respeito pelos colegas, promovendo a união e integração de todos, com flexibilidade para ouvir e consensar.					
1	Vê a equipe como um time de trabalho e investe no bom relacionamento com todos.					
2	É engajado com todos os membros para jogarem juntos.					
3	Não é competitivo nem promove inimizades dentro da organização. Não há guerras internas na equipe.					
4	Não cria guerras com outras equipes.					
5	Demonstra consideração e respeito por seus colegas.					
6	Critica a si mesmo construtivamente na privacidade da equipe.					

Nº	Medidores de Competências	5	4	3	2	1
7	Participa de discussões, e tão logo uma decisão final tenha sido tomada, assume imediatamente.					
8	Respeita os outros mesmo no desacordo.					
9	Joga para si e para a que a equipe vença.					
10	Têm humor admirável e contagiante todos os dias.					
11	É admirado pelo otimismo compartilhado com a equipe.					
24	**Resiliência – Definição:** Capacidade de receber um impacto adverso e reagir de forma positiva, sem perda do equilíbrio e da produtividade.					
1	Quando é acometido por um impacto negativo consegue superar rapidamente sem comprometer seu planejamento.					
2	Em situações em que é surpreendido por adversidades, se concentra na forma de transpor obstáculos e superar os prejuízos causados.					
3	Supera rapidamente as adversidades sem se concentrar no sofrimento causado.					
25	**Resistência à frustração – Definição:** Capacidade de administrar frustrações sem prejuízo da própria saúde e dos resultados.					
1	Diante de uma frustração, procura entender o que aconteceu e encontrar novas formas para atingir o resultado esperado.					
2	Quando recebe um não como resposta, refaz seu planejamento sem desistir do que pretende.					

Anotações...

Anotações...

Nº	Medidores de Competências	5	4	3	2	1
3	Quando alguma coisa dá errado, não se deixa abater pelo desânimo.					
4	Quando uma meta não é atingida, põe o foco num plano que não permita que a situação se repita.					
5	Tem foco no positivo sempre e é otimista mesmo em situações adversas.					
6	Usa adversidade para aprender e encontrar a saída para o sucesso.					
26	**Solução de problemas – Definição:** Capacidade de tomar providências rápidas diante de problemas, obstáculos, conflitos, adversidades, tomando decisões assertivas em busca de soluções eficazes, procurando tirar o máximo de proveito da situação.					
1	Quando ocorre um problema, assume como se fosse seu. Sente-se responsável pela solução, não passa o problema adiante.					
2	Quando enfrenta problemas, obstáculos e conflitos, não fica a falar deles. Parte para a ação.					
3	Tem autorização para tomar as decisões necessárias para resolver problemas quando ocorrem.					
4	Analisa os problemas. Evita problemas futuros trabalhando em cima das causas e não dos sintomas.					
5	Quando encontra problemas que parecem difíceis ou impossíveis de serem resolvidos, procura ver as oportunidades e não os aspectos da crise.					
6	Resolve problemas tanto com trabalho individual como de equipe.					

Nº	Medidores de Competências	5	4	3	2	1
27	**Tomada de decisão – Definição:** Capacidade de responder com agilidade e assertividade nas decisões difíceis em situações imprevistas ou de risco.					
1	É rápido para tomar decisões em situações difíceis.					
2	Costuma ser assertivo nas decisões que toma em situações imprevistas.					
3	Tem facilidade para conduzir situações de risco com sabedoria.					
4	Compartilha decisões arriscadas com colegas e equipe.					
28	**Visão sistêmica – Definição:** Capacidade de ter desenvolvida a visão do negócio, do mercado e da empresa como um todo, e os conceitos da relação entre clientes e fornecedores internos.					
1	Tem uma visão, um objetivo maior, de curto, médio e longo prazos claramente descritos como uma declaração de intenções a ser alcançada em algum momento no futuro.					
2	Comunicada sua visão com tal clareza que todos os membros a conhecem e compartilham da visão.					
3	Tem uma visão suficientemente contagiante e significativa para permitir a todos contribuir para sua implementação.					
4	Contribui e estimula a excelência no atendimento aos clientes internos e externos, por respeitar a cultura de qualidade disseminada na empresa.					
5	Identifica-se com a visão e a cultura da equipe e da empresa.					

Anotações...

Nº	Medidores de Competências	5	4	3	2	1
6	A visão mobiliza energia e cria espírito de luta para o sucesso.					
29	**Competências técnicas – Definição:** Capacidade de desenvolver todas as operações necessárias ao bom desempenho de suas funções. A mesma técnica utilizada para avaliar as competências comportamentais podem ser utilizadas também para avaliar as competências técnicas como nos exemplos abaixo.					
1	É capaz de desempenhar todas as tarefas sob sua responsabilidade com eficácia.					
2	Tem o conhecimento e habilidade que necessita para entregar os melhores resultados na sua área.					
3	Tem a experiência necessária para um bom desempenho.					
4	Possui domínio dos idiomas necessários para as boas práticas sob sua responsabilidade.					
5	Domina as ferramentas de informática de acordo com a necessidade do seu cargo.					
6	Redige e digita documentos administrativos no idioma com agilidade, dentro dos padrões exigidos pela empresa.					
7	Tem facilidade em cálculos, o que facilita e agiliza seus resultados.					
8	Possui total domínio da legislação e consegue orientar o cliente interno com excelência.					

Anotações...

4. Mensuração das Competências

1. Você sempre atribuirá uma nota de 1 a 5 para cada Medidor de Competências.
2. Você deverá fazer a somatória de todos os graus atribuídos a cada competência.
3. Divida a soma dos Medidores de Competências pelo número de afirmações e coloque o valor na frente definição.
4. Concluindo, você deverá fazer a média aritmética para cada competência e comparar com o mapeamento do cargo.
5. Neste exemplo você tem aproximadamente trinta competências, porque o objetivo é fornecer fartos exemplos que sirvam como respaldo para construir a ferramenta personalizada para cada cargo.
6. Na ferramenta de cada cargo deverá ter apenas as competências do mapeamento do perfil do cargo, que é a base para desenvolver a ferramenta de avaliação por competências.

Exemplo:

Competência: Resistência à frustração

Nº de Graus (6): 3, 4, 5, 4, 4, 4

Soma dos graus = 24

Soma dos graus dividido pelo nº de graus
24 ÷ 6 = 4

Avaliação média da competência
Resistência à frustração ⇒ 4

Anotações...

5. Parâmetro para dar Retorno ao Avaliado

As seguintes observações são fundamentais para fornecer *feedbacks* ao avaliado:

1. Após obter o resultado da avaliação, deverá fazer a comparação com o mapeamento mensurado do cargo, para identificar os *gaps* com objetividade.

2. O avaliado não precisa ter grau máximo em todas as competências, precisa tirar o grau que o cargo necessita. Se, por exemplo, o cargo precisa de três e o ocupante do cargo tirou três, está dentro do perfil e deve receber *feedback* positivo por isso.

3. Para as competências que estão dentro do perfil, o avaliador deverá fornecer *feedbacks* positivos na reunião de avaliação.

4. Para as competências que estão abaixo do perfil, deverá ser feito o plano de desenvolvimento de competências: PDC, que deverá ser acompanhado por avaliador e Equipe Gestora do Projeto.

Ferramenta 2 – Entrevista Comportamental com Foco em Competências

A entrevista é uma ferramenta de muita credibilidade em todo mundo, mas nem sempre usada com eficácia. Existem vários modelos de entrevista, e a mais atual é a entrevista comportamental com foco em competências.

Pode-se dizer que a entrevista comportamental é uma investigação comportamental com objetivo de identificar as competências que estão desenvolvidas no repertório comportamental do avaliado.

Neste modelo de entrevistas, usam-se perguntas situacionais, isto é, perguntas relacionadas a situações onde o avaliado teve necessidade de usar a competência investigada.

As perguntas situacionais devem se referir sempre a uma situação vivenciada pelo avaliado, o que significa que são perguntas de experiências vividas pelo avaliado.

Utilizam-se perguntas abertas com verbos de ação no passado, cujas respostas tenham contexto, ação e resultado.

Então, resumindo, as perguntas comportamentais com foco em competências têm as seguintes características:

1. Perguntas abertas e específicas, investigando competências específicas.
2. Perguntas com verbos de ação no passado, investigando situações vividas pelo avaliado.
3. Perguntas situacionais, abordando situações onde se faz necessária a presença da competência investigada.

Na avaliação, a pergunta comportamental poderá ser um recurso auxiliar, que poderá ajudar na identificação do perfil, nas seguintes situações:

1. Um líder que tenha assumido a equipe por menos de 6 meses e não tenha ainda condições de fazer uma avaliação com segurança. Em parceria com RH poderá utilizar uma ferramenta a mais para evitar que a equipe seja prejudicada.

2. No caso de qualquer avaliado que tenha menos de 6 meses na função, esta ferramenta também poderá ser utilizada para identificação da presença ou ausência da competência no perfil comportamental do avaliado.

3. Em casos de avaliados econômicos na comunicação e expressão verbal, as perguntas comportamentais ajudam a fazer com que o avaliado fale na reunião de avaliação.

Exemplos de Perguntas Comportamentais

	Competências ou Grupos Comportamentais	Perguntas Comportamentais
1	Agilidade	• Conte sobre alguma situação em que você foi cobrado por não conseguir cumprir prazos, • Fale sobre algum projeto em que você conseguiu antecipar o prazo de conclusão.
2	Capacidade de risco	• Qual o maior risco que você já correu na vida profissional? • Conte sobre alguma situação em que deixou de atingir um bom resultado por medo de arriscar.
3	Comunicação interpessoal	• Descreva como você passou para sua equipe a comunicação de um novo projeto, nova metodologia ou ainda novas rotinas. • Como você agiu na disseminação de uma informação difícil para sua equipe?

Competências ou Grupos Comportamentais	Perguntas Comportamentais
4 Comprometimento	• Dê exemplo de uma situação que você tenha assumido a responsabilidade, como se você fosse o dono do negócio. Como foi? • Relate alguma situação em que o excesso de trabalho tenha trazido consequências negativas para sua vida pessoal.
5 Cooperação	• Fale sobre alguns projetos de que você tenha participado espontaneamente, fora da sua área de atuação. • Conte sobre alguma situação em que você tenha sentido dificuldade em se integrar a uma equipa de trabalho. • Relate uma grande contribuição espontânea que você tenha dado num momento difícil. E como foi?
6 Criatividade e inovação	• Em que situações você demonstrou maior criatividade na vida profissional? • Conte sobre alguma ideia brilhante que tenha se destacado. • Fale sobre algum reconhecimento que recebeu ou deveria ter recebido por uma ideia criativa que tenha tido. • Relate alguma situação onde, na falta de recursos materiais, você criou uma solução inesperada. • Fale sobre alguma situação de imprevisto que você tenha lidado com sucesso.

Anotações...

Competências ou Grupos Comportamentais	Perguntas Comportamentais
7 Disciplina	• Conte sobre alguma situação em que tenha sido penalizado por transgredir alguma norma. • Relate alguma situação em que alguma norma ou política o impediu de realizar um bom atendimento a clientes.
8 Empatia, saber ouvir	• Com que frequência você recebia *feedbacks* positivos da equipe ou clientes internos? • Conte sobre alguma situação em que foi questionado por alguém da sua equipe por falta de tempo para dar atenção? • Fale sobre alguma situação em que você foi solidário com os sentimentos de alguém da sua equipe que passava por adversidades? • Conte alguma situação em que você percebeu alguém da sua equipe precisando desabafar e o ouviu com atenção.
9 Empreendedorismo	• Qual o maior investimento que você fez na sua carreira profissional? • Conte sobre uma participação significativa que você tenha tido para melhorar os resultados na sua equipe.
10 Equilíbrio emocional	• Relate alguma situação em que tenha perdido o controle e tido comportamentos inadequados no relacionamento profissional. • Conte sobre alguma situação difícil que tenha administrado com muita cautela, sem perder o equilíbrio das emoções.
11 Espírito de equipe	• Conte sobre alguma vez em que recebeu agradecimentos da equipe por alguma colaboração extra. • Relate uma situação em que você cometeu uma indelicadeza com seu cliente ou com uma colega de trabalho.

	Competências ou Grupos Comportamentais	Perguntas Comportamentais
12	Flexibilidade	• Quais as mudanças mais significativas que você implementou na sua área de atuação? • Conte sobre rotinas que tenham sito modificadas por sugestões suas, como foi? • Conte sobre alguma situação em que você tenha discordado de uma mudança no seu setor. • Conte sobre alguma idéia criativa que tenha trazido retorno positivo para sua área.
13	Foco no cliente	• Conte-me sobre algum conflito com um cliente interno ou externo que não tenha tido uma solução adequada. • Relate alguma situação em que tenha extrapolado a expectativa do cliente e tenha sido reconhecido por isso. • Relate alguma mudança que implementou na sua area para melhor atender a clientes internos ou externos.
14	Foco em resultados	• Conte sobre algum projeto que tenha sido muito difícil chegar a um resultado satisfatório. • Qual foi o projeto mais significativo que você coordenou ou participou e como foi?
15	Gerenciamento do tempo	• Como você administrou o seu tempo, tanto na vida profissional como pessoal? • Em que situações você sentia que estava perdendo tempo? • Como você treinou sua equipe a gerenciar tempo? • Qual a melhor contribuição que deu para equipe eliminar desperdiçadores de tempo?

Anotações...

Competências ou Grupos Comportamentais	Perguntas Comportamentais
16 Liderança participativa	• Conte sobre *feedbacks* positivos ou homenagens que você tenha recebido espontaneamente da equipe. • Como você gerenciava fluxo de informações com a sua equipe de trabalho? • Como você gerenciou a comunicação interna da sua equipe? • Como você administrou a comunicação entre sua equipe e clientes internos? • Conte sobre alguma situação em que seu estilo de liderança tenha sido questionado por alguém da equipe ou pelos seus superiores hierárquicos.
17 Liderança empreendedora	• Quais os maiores investimentos que você fez na sua equipe de trabalho? • O que você fazia para aumentar a produtividade da equipe? • Conte como eram suas reuniões com sua equipe e qual a periodicidade.
18 Liderança ética e comprometida	• Que atitudes você tomou quando em alguma situação sua credibilidade foi colocada em cheque?
19 Liderança motivadora	• Conte às ações que você implementava quando sua equipe atingia a meta. • Agora conte o que você fazia quando sua equipe não atingia a meta. • Relate uma reunião de motivação que você tenha feito com sua equipe.

#	Competências ou Grupos Comportamentais	Perguntas Comportamentais
20	Liderança Treinadora *Coach*	• Relate algumas situações em que você tenha multiplicado para sua equipe, cursos ou palestras de que tenha participado. • Conte como você agia com a sua equipe na implementação de um projeto novo. • Qual a maior herança que você deixou para sua última equipe?
21	Negociação, persuasão	• Conte sobre alguma situação em que você tenha tido muita dificuldade para convencer alguém. • Descreva a negociação mais difícil que já administrou com sucesso. • Conte uma negociação que por maior que tenha sido seu empenho, não atingiu o objetivo. • Qual a negociação com resultado mais significativo que você administrou?
22	Organização e planejamento	• Como você gerenciava metas com sua equipe de trabalho? • Descreva um projeto que tenha coordenado com a equipe, em detalhes. • De que forma você influenciou sua equipe a trabalhar com planejamento? • Como você agiu com pessoas desorganizadas?
23	Persistência e determinação	• Conte sobre alguma meta importante que você planejou alcançar e acabou desistindo e por que. • Relate alguma situação em que você tenha persistido numa ideia que ninguém acreditava e teve sucesso. • Conte sobre alguma vez em que você teve todos os motivos para desistir, mas continuou confiante e atingiu o objetivo.

Anotações...

Anotações...

Competências ou Grupos Comportamentais	Perguntas Comportamentais
24 Proatividade	• Conte-me sobre alguma situação crítica em um projeto que você conseguiu prever e ter ações que impedissem um fracasso. • Fale sobre alguma situação em que uma atitude preventiva mudou algum resultado.
25 Relacionamento interpessoal e consenso	• Qual a maior incompatibilidade que você já teve na vida profissional? Fale a respeito. • Conte sobre dificuldades de relacionamento com um cliente interno, líder, par ou colega de equipe. Como terminou? • Conte sobre *feedbacks* positivos que você tenha recebido de colegas de equipe, pares ou clientes internos.
26 Resistência à frustração	• Conte sobre uma situação adversa que o tenha feito desistir de um plano ou meta. • Fale sobre alguma decepção que tenha trazido prejuízos aos seus resultados.
27 Tomada de decisão	• Qual a decisão mais difícil que você já tomou na sua vida? Conte como foi. • Qual a decisão mais assertiva que já tomou e qual a mais desastrosa? Conte como foi.
28 Visão sistêmica	• Descreva uma situação específica, onde sua visão de futuro e de mercado o ajudou a corrigir. mudar estratégias com sucesso. • Descreva o melhor projeto que idealizou e como foi.

Ferramenta 3 – Entrevista de Avaliação com Foco em Competências: Passo a Passo

O que a entrevista de avaliação não é

1. Um procedimento burocrático com data para ser entregue ao Departamento de Recursos Humanos.
2. Uma atribuição a mais, entre tanta sobrecarga de trabalho.
3. Uma obrigação que é realizada na última hora e entregue ao RH por falta de tempo.
4. Um pesadelo para todo gestor que tem uma equipe numerosa.
5. Uma burocracia desnecessária, pois não resolve nada.
6. Uma fonte de desmotivação para os colaboradores.
7. Uma burocracia que gera muito ruído na comunicação interna.
8. Uma forma de desintegrar e provocar insatisfações na equipe.

Anotações...

9. Um jeito de enfatizar as não qualidades de todos os colaboradores
10. Uma forma de criar barreiras entre líderes e equipes.
11. Uma ferramenta punitiva.
12. Uma ferramenta para exposição do colaborador.
13. Uma oportunidade para o líder se vingar da equipe.

O que a entrevista de avaliação é

1. A entrevista de avaliação é uma ação estratégica para o gestor que entendeu a necessidade de fazer Gestão e Desenvolvimento de Pessoas e está comprometido com o crescimento, desenvolvimento e aperfeiçoamento da sua equipe de trabalho.
2. A entrevista de avaliação é uma ação estratégica que tem como objetivos:

❑ Estreitar e fortalecer relacionamentos entre líder e equipe.
❑ Fortalecer a comunicação de via dupla entre líder equipe.

- Demonstrar reconhecimento e valorização pelos pontos fortes do avaliado.
- Apontar com objetividade o que pode ser aperfeiçoado com foco no enriquecimento do perfil do avaliado.
- Identificar as competências que são oportunidades de desenvolvimento e enriquecimento do perfil do avaliado.
- Fazer o exercício de ouvir e ser ouvido.
- Mostrar as percepções do líder sempre ilustrando com exemplos e dados da realidade.
- Ouvir as percepções do avaliado com flexibilidade para negociar.
- Estabelecer consenso.
- Solucionar problemas, conflitos ou pendências que não conseguiram ser solucionados por outros meios.
- Estimular o gestor para a prática de seu papel de liderança *Coach*, que deve ser exercitado no dia a dia, com suporte de uma ferramenta que lhe forneça todas as informações do cargo, facilitando a negociação e consenso.
- Fazer com que avaliador e avaliado trabalhem juntos num plano de desenvolvimento e forma de acompanhamento para eliminar os *gaps* identificados e enriquecer o perfil do avaliado.

Passos para realizar uma entrevista de avaliação com foco em desenvolver competências:

1. Como planejar a entrevista.
2. Como iniciar a entrevista.
3. Como conduzir a entrevista.
4. Como consensar um plano de desenvolvimento de competências.
5. Como encerrar a entrevista.
6. Como fazer o acompanhamento do plano de desenvolvimento.

Anotações...

Anotações...

Compreendendo cada passo

1. Como Planejar a Entrevista de Avaliação

A entrevista de avaliação, como todos os projetos significativos para equipe, deve ser planejada, tanto pelo avaliado quanto pelo avaliador, já que o objetivo é uma reunião estratégica para desenvolver competências na equipe.

O que deve ser prioridade no planejamento da entrevista:

Com relação ao avaliado

- ❏ Avisar ao avaliado com antecedência a data da entrevista de avaliação.
- ❏ Pedir que analise a avaliação do período anterior para identificar metas que foram atingidas e não atingidas.
- ❏ Solicitar que faça sua autoavaliação.
- ❏ Pedir que relacione suas metas para o próximo período.
- ❏ Avisar para reunir todas as informações necessárias que achar necessário para o dia da entrevista.

Com relação ao Coach *avaliador*

- ❏ Analisar a avaliação do período anterior e o acompanhamento do plano de ação.
- ❏ Em caso de avaliação 360°, analisar todos os graus, isto é, a avaliação de todos que avaliaram seu colaborador, identificando pontos fortes, gaps e oportunidades de desenvolvimento.
- ❏ Fazer a avaliação do período atual, último ano.
- ❏ Reunir outras informações que sejam significativas para o dia da entrevista.
- ❏ Garantir uma estratégia para reconhecimento e valorização dos pontos fortes, pois esta é a base para que a entrevista tenha sucesso e seja verdadeiramente uma oportunidade de desenvolvimento de pessoas.
- ❏ Para as competências que tiveram graus baixos, fazer uma relação de exemplos de situações onde o avaliado cometeu erros por falta dessas competências.

Anotações...

2. Como Iniciar a Entrevista

- Preparar-se para receber o avaliado com empatia e bom-humor, proporcionando um clima de cordialidade e bem estar.
- Dar preferência para um espaço neutro, que não seja sala do avaliador nem do avaliado.
- Ouvir com atenção e respeito as expectativas e ansiedades do avaliado.
- Começar fornecendo *feedbacks* positivos, isto é, reconhecendo e valorizando os pontos fortes do candidato, com ênfase, transparência e sinceridade. Esta etapa é fundamental para reduzir as resistências, fazendo com que ele aceite e reconheça a etapa onde serão abordadas as oportunidades de melhoria, isto é, os *gaps* de competências.
- Solicitar que o avaliado fale sobre sua autoavaliação e metas para o próximo período.

3. Como Conduzir a Entrevista

- Ouvir é ouro neste momento; deixar no mínimo 50 a 60% do tempo para ouvir, pois é uma excelente oportunidade para conhecer melhor o colaborador e compreender seus posicionamentos, dificuldades, erros e acertos.
- Fornecer *feedbacks* construtivos, identificando oportunidades de desenvolvimento e enriquecimento do perfil do avaliado, seguindo cuidadosamente as três etapas do *feedback* sanduíche.
- Cuidar para manter imparcialidade nas avaliações.
- Manter foco no período que está sendo avaliado.
- Manter um clima de bem estar, prestando atenção nas informações verbais e não verbais do avaliado com objetivo de manter o controle da entrevista.
- Tomar cuidado para não atingir de forma negativa a autoestima do avalado.
- Manter o objetivo de que avaliação é uma ferramenta de motivação e desenvolvimento, uma ferramenta estratégica de gestão de aperfeiçoamento de pessoas.

4. Como Consensar um Plano de Desenvolvimento de Competências

- Após chegar a consenso sobre oportunidades de desenvolvimento, estabelecer um plano de ação com o avaliado.
- Combinar uma forma de acompanhar periodicamente o plano de ação do avaliado e o desenvolvimento das competências que precisam de reforço.

5. Como Encerrar a Entrevista

- ❏ Agradecer o empenho do avaliado e a flexibilidade para busca de desenvolvimento contínuo.
- ❏ Tirar todas as possíveis dúvidas que possam existir.
- ❏ Deixar claro que a avaliação terá continuidade através do acompanhamento do plano de desenvolvimento.
- ❏ Demonstrar com sinceridade o desejo de contribuir para o desenvolvimento de toda equipe.
- ❏ Encerrar em clima positivo e motivador.

Anotações...

6. Como Fazer o Acompanhamento do Plano de Desenvolvimento

- Planejar reuniões periódicas, objetivas, para revisão do plano de ação.
- Fornecer incentivo e suporte para que o colaborador priorize a solução para os *gaps*.
- Estimular, reconhecer e motivar o avaliado, sempre que uma meta for atingida ou um *gap* solucionado.
- Demonstrar disponibilidade para ajudar no que for necessário.
- Valorizar o acompanhamento, que é o papel do *Coach* no crescimento, desenvolvimento e aperfeiçoamento da equipe.

A entrevista de avaliação é uma oportunidade para ser muito bem aproveitada e administrada pelo gestor, é um exercício prático de liderança *Coach*, que deve ser estrategicamente usado para investir na equipe, visualizando os resultados a serem aperfeiçoados através das pessoas.

Ferramenta 4 – Jogos com Foco em Competência

Na metodologia de Avaliação com foco em Competências, o jogo é uma ferramenta de observação de comportamentos específicos.

"O comportamento é uma característica primordial dos seres vivos. Quase o identificamos com a vida propriamente dita. Qualquer coisa que se mova é tida como viva – especialmente quando o movimento tem direção ou age para alterar o ambiente."

(B. F. Skinner)

1. O Que é um Jogo?

O jogo é uma atividade que envolve o físico e o mental, de uma forma divertida, mas tendo um ou mais comportamentos específicos a serem empregados espontaneamente e observados. Para apresentar bons resultados, o coordenador do jogo deve estar muito bem preparado para conduzir a atividade, bem como ter clareza das competências a serem observadas e os critérios a serem utilizados juntamente com o observador.

Vantagens do jogo	Pontos críticos do jogo
• Mantém a motivação do grupo. • Torna a atividade divertida. • Facilita a observação de competências específicas no repertório comportamental. • Facilita a observação do comportamento verbal e não verbal. • Estimula a mobilidade em sala. • Em grupos, promove a integração e descontração.	• Tempo para aplicação. • Preparação do facilitador. • Preparação do observador. • Direcionamento para o objetivo. • Emoções durante a atividade. • Desmistificar pré-conceitos sobre a utilização do jogo em seleção.

Anotações...

2. Como Estruturar um Jogo

Antes de estruturar um jogo, é necessário familiarizar-se com ele. Quando conhecemos uma atividade, podemos torná-la mais atrativa, lúdica, fascinante e principalmente passível de alcançar o objetivo pretendido.

Visualizar jogadores e suas reações, prever resultados diversos, colocar-se no lugar dos participantes, calcular jogadas e entrar em contato com a imaginação são atitudes facilitadoras do processo criativo.

Pode-se optar, também, por fazer pequenas adaptações sem a necessidade de muitas inovações, sempre considerando as características do público alvo.

Existem no mercado bons jogos que podem ser usados sem a necessidade de alterar sua estrutura.

2.1 *Verifique Quais Competências Pretende Observar*

Tenha bem claros os objetivos pretendidos. É necessário ter especificado os comportamentos pretendidos durante a atividade para observar e avaliar, bem como os critérios de avaliação. A escolha do jogo mais adequado para observação das competências é um pré-requisito fundamental, também adequar o tipo de jogo ao público alvo é muito importante para atingir os resultados esperados sem agredir os candidatos e sem expor demasiadamente.

2.2 *Desenvolva a Competência Técnica para Uso do Jogo*

Criar um jogo é uma tarefa relativamente simples. O complexo é estruturá-lo dentro de um suporte técnico específico. Podemos ser experts em nossa área, mas quando nos deparamos com objetivos em áreas que não dominamos, é indispensável a ajuda do especialista.

2.3 Seja Criativo

Podemos substituir recursos materiais de alto custo por outros, com a mesma qualidade, causando o mesmo impacto.

2.4 Prefira a Simplicidade

Ao criar um jogo, é importante verificar seu nível de complexidade. Atividades simples, mas que envolvem processos desafiantes, podem trazer melhores resultados do que aquelas super complicadas que levam à frustração por não serem passíveis de realização.

2.5 Tenha Foco no seu Público Alvo

Antes de planejar qualquer atividade, o facilitador deve ter em mãos o perfil de sua clientela. As informações básicas dizem respeito a funções exercidas na empresa, expectativas com relação ao programa, nível de escolaridade, características psicológicas, culturais e biofísicas. Essas informações servirão de subsídio para o planejamento e a escolha dos jogos.

2.6 Verifique o Espaço Disponível para a Atividade

Por ser uma técnica em que os participantes se movimentam e estão dispostos em equipes (empresas ou setores simulados), os jogos de empresa exigem mais espaço do que as metodologias mais ortodoxas. Uma sala de 25m² que comportaria perfeitamente um grupo de vinte alunos, nos moldes tradicionais, é considerada reduzida para se aplicar um jogo.

O ambiente ideal é aquele que permite a formação em semicírculos (onde se realizam os fóruns de conclusão) ou um ambiente separado na própria sala, ou a formação de subgrupos.

2.7 Faça uma Autoavaliação de seus Conhecimentos Sobre o Tema Central do Jogo

A prática de atuar em duplas é muito enriquecedora. Principalmente quando a experiência de cada um se complementa. No processo seletivo, o facilitador deverá sempre fazer dupla com o requisitante ou um representante dele.

Ao se verificar limitações de conhecimento sobre o tema central de um jogo, a opção é realizar o projeto com outra pessoa que tenha mais informações técnicas. Uma "dobradinha" bem feita traz, além da vantagem de permitir estímulos diferentes para uma mesma turma, maior confiabilidade na leitura do grupo e enriquecimento de conteúdo.

2.8 Defina o Sistema de Papéis

No caso de papéis estruturados, deve-se anotar o maior número de dados comportamentais do personagem a ser simulado para facilitar a representação.

2.9 Delimite o Cenário

O cenário de um jogo pode ser o mais surpreendente possível. Um cenário bem definido favorece o envolvimento dos participantes no jogo e auxilia na representação de papéis (estruturados ou não).

2.10 Defina a Mecânica Lúdica

Ao definir a mecânica lúdica de um jogo, o facilitador delimita o campo de atuação dos jogadores, estabelecendo regras que esclareçam o que é permitido e o que é proibido, além das sanções para os transgressores.

Geralmente as sanções vão desde a perda de pontos até a desclassificação de uma equipe.

As regras devem deixar claros os requisitos necessários para ganhar o jogo e de que forma será avaliado o resultado.

Há casos específicos em que o facilitador determina no seu planejamento que só vai explicitar as regras do jogo durante o desenvolvimento das atividades. Isto quando seu objetivo é reproduzir uma situação em que as pessoas devem estar atentas ao contexto e tomar iniciativa de buscar informações.

Nesta etapa é definido se o jogo será individual, em equipes ou jogado por todo o grupo; se acontecerá em rodadas ou será dado um tempo para sua realização; como será a pontuação; e como serão registrados os resultados.

2.11 Seja Proativo

O registro parcial (se for o caso) deve estar em local visível ao grupo. Todo o material deve ser planejado e confeccionado com antecedência para que, durante o jogo, o grupo possa acompanhar sua *performance*. O *feedback* visual atua como fonte de incentivo e favorece o envolvimento do grupo nas jogadas.

2.12 Realize um Laboratório-teste

Após a estruturação do jogo, planeje um minilaboratório, com clientela reduzida para testá-lo. Durante o teste, o facilitador poderá decidir se a estrutura inicial deverá ser mantida ou se haverá ajustes. É importante mesclar participantes que tenham conhecimento da metodologia e outros que a desconheçam, mas que tenham capacidade crítica.

3. Planejamento e Organização de Recursos

Antes de desenvolver qualquer programa que envolva jogos e atividades vivenciais, é necessário planejar e organizar os recursos antecipadamente.

Uma lista de providências pode auxiliar o facilitador em sua verificação. Eis alguns itens que poderão servir de referência.

Ambiente:

- Número de mesas e cadeiras.
- Disposição do mobiliário.
- Condições de conforto e segurança.
- Espaço para o material do facilitador.
- Recursos audiovisuais (computador, projetor, TV e vídeo, quadro magnético, quadro de giz, *flip-chart*, som ambiente).

É importante testar os aparelhos e providenciar peças de reposição para o caso de algum incidente.

Material didático complementar

- Quadros e tabelas para pontuação (usar folhas A2 e letras visíveis para todo o grupo).
- Fichas em branco para informes que permitam a visualização móvel.
- Transparências separadas por ordem de utilização.
- Textos auxiliares.
- Livros ou apostilas.
- Cartazes com regras do jogo ou orientações para as atividades.

Material de apoio

- Pincel atômico, canetas fosforescentes, lápis de cera.
- Folhas avulsas de *flip-chart*.
- Bloco de rascunho.
- Tintas e pincéis.
- Tesouras e cola plástica.
- Revistas usadas e papel colorido.
- Cartolinas.
- Caneta, lápis, régua.

Material específico

De posse da programação, é recomendável que o material de cada atividade seja acondicionado separadamente em envelopes, pastas ou caixas.

Um facilitador que tenha seu material organizado apresenta a grande vantagem de estar livre para dar atenção aos participantes, além da imagem positiva que deixa o grupo. Nada mais desagradável do que constatar improvisos que prejudiquem o andamento dos trabalhos.

4. Etapas de Aplicação de um Jogo

Um jogo pode ser aplicado seguindo as seguintes etapas:

a. Apresentação do cenário simulado: momento em que o facilitador situa o grupo no contexto antes do início das atividades.

b. Explicação das regras do jogo.

c. Informações sobre papéis (se for o caso).

d. Abertura de espaço para perguntas sobre a dinâmica do jogo.

e. Definição do tempo para cada etapa do jogo.

f. Desenvolvimento do jogo seguindo o ciclo da aprendizagem vivencial.

Cada uma das etapas anteriores deve estar prevista no planejamento.

5. Postura do Facilitador

Independentemente do estilo individual, o facilitador tem como adotar posturas assertivas, favorecendo um clima de confiança e abertura entre os participantes.

Para exercer uma atividade com sucesso é necessário que entremos em contato com pessoas, e este contato só é possível quando estamos abertos a ouvir cada um, a respeitar posições contrárias às nossas, a reconhecer que todos têm contribuições a dar, e a agir com cortesia, evitando entrar em competições destrutivas. Afinal, todos somos aprendizes. A diferença entre nós e o grupo está no papel exercido.

A tranqüilidade do facilitador e a forma como ele conduz as atividades favorecem o estabelecimento de um clima positivo e podem neutralizar investidas individuais mais agressivas, que influenciam no nível energético e motivacional do grupo.

Muitas vezes, é necessário dar uma pausa nos painéis, aplicar uma vitalização ou uma técnica de relaxamento para "acalmar os ânimos" e/ou energizar o ambiente, especialmente quando o jogo é usado em treinamento.

6. O Papel do Facilitador

O facilitador da metodologia participativa, antes de treinar, selecionar e identificar talentos, tem por missão proporcionar ao grupo a chance de passar por um processo de aprendizagem e crescimento pessoal. Ele atua como educador.

No "palco dos jogos", o facilitador dá o lugar de "estrela" aos participantes. Ele se faz discreto e atua com as necessidades do grupo.

Ao facilitador cabe:

- Atuar como um educador.
- Identificar e atuar dentro das necessidades do grupo.
- Reconhecer e proporcionar atividades segundo as fases do grupo.
- Encorajar a ação.

- Reforçar o processo segundo os passos do ciclo da aprendizagem vivencial.

No jogo pode ser usada a mesma ferramenta de mensuração do Medidor de Competências

JOGOS PARA AVALIAÇÃO COM FOCO EM COMPETÊNCIAS

1. Roda da Competência

Objetivo

Aquecimento, descontração, fixação dos nomes.

Competências observáveis

Atenção, concentração, rapidez, criatividade, rendimento sob pressão, bom humor, otimismo, autoimagem, humildade, autoconhecimento.

Material

Nenhum.

Duração

Aproximadamente 15 minutos.

Tamanho do grupo

Até 16 participantes.

Desenvolvimento

Em círculo, todos em pé, o facilitador dá as seguintes instruções:

Cada pessoa deverá falar o seu nome e uma competência que possui e que comece com a letra do seu nome. O primeiro fala seu nome e sua competência, o segundo repete o que o primeiro disse e após fala a sua, o segundo repete o que disseram o primeiro e o segundo e então fala o seu, assim continua de forma que a última pessoa tem que repetir todos os nomes e competências do círculo.

Terminando esta etapa, o facilitador fica no meio do círculo e cada vez que aponta para uma pessoa todos devem repetir o nome e a competência, bem rápido e encerra.

2. Jogo dos Elos

Objetivo

Trabalho em equipe com ênfase na participação, integração e comprometimento com qualidade, administrando adversidades que possam ocorrer.

Competências observáveis

Trabalho em equipe, comunicação, união, integração, relacionamento interpessoal, cooperação, criatividade, foco no objetivo, competição.

Materiais

- Folhas de cinco cores diferentes, cores vivas.
- Cola.
- Régua.
- Cartolina de cores suaves.
- Pincéis atômicos
- Tesoura.

Duração

Aproximadamente 1 hora.

Tamanho do grupo

Qualquer tamanho de grupo dividido em várias equipes.

Desenvolvimento

1ª etapa:

O grupo é dividido em equipes de no mínimo três participantes cada uma, e cada equipe recebe um *kit* de material, os *kit* são diferentes, em cada *kit* falta um material importante para atingir o objetivo final. O que se espera é que os grupos se comuniquem e supram as necessidades uns dos outros.

Instruções às equipes:

Vocês estarão recebendo um *kit* de material para realização de uma corrente de elos. O tamanho dos elos é 40cm de cumprimento por 8cm de largura, sendo que não poderá haver dois elos de mesma cor ao lado um do outro. Cada equipe deverá fazer uma corrente de vinte elos.

2ª etapa:

Todas as equipes deverão unir seus elos fazendo uma única corrente e unindo as duas pontas da corrente formando um círculo que deverá ser exibido por todos os participantes e exposto na sala como decoração.

3ª etapa:

As equipes iniciais deverão se reunir para discutir o significado desta experiência e fazer um slogan sobre o jogo que acabaram de fazer. Cada equipe deverá receber duas cartolinas e dois pincéis atômicos de cores diferentes. Ao terminarem, um representante de cada equipe fala sobre as conclusões que a equipe chegou e mostra o slogan que deverá ser fixado na parede.

3. Nós em Grupos

Objetivo

Observar o comportamento da equipe diante de uma situação nova com metas de produtividade a serem alcançadas.

Material

Pedaços de barbante cortados em grande quantidade.

Competências observáveis

Organização, planejamento estratégico, produtividade, avaliação de resultados, trabalho em equipe, comunicação, criatividade, cooperação, foco em resultados, habilidade manual, tomada de decisão, ousadia.

Duração

Aproximadamente 30 minutos.

Tamanho do grupo

Para qualquer tamanho de grupo, já que se trabalha com subgrupos de aproximadamente oito participantes.

Desenvolvimento

1ª etapa:

O facilitador divide os participantes em três ou quatro equipes (depende do número de participantes) e comunica que cada equipe terá dois minutos para fazer nó em barbante usando uma mão só, e que cada equipe deverá estabelecer uma meta de quantos nós farão em dois minutos. Após anotar as metas das equipes, o facilitador distribui barbantes para as equipes, solicita que não ensaiem e dá o sinal para começarem, fazendo a contagem de 2 minutos. Terminado o tempo, pede que cada equipe faça a contagem e dê a quantidade de nós que conseguiram fazer, anotando também.

2ª etapa:

O facilitador pede que em 2 minutos as equipes façam uma avaliação de como se organizaram, a estratégia que usaram, e façam uma avaliação entre a meta estabelecida e o resultado conseguido. Nesta fase todos continuam com os barbantes nas mãos, podem treinar à vontade e devem estabelecer uma nova meta que seja maior que a quantidade realizada por cada equipe.

3ª etapa:

O facilitador anota a nova meta de cada equipe e faz a contagem de tempo para que façam os nós. Repete o mesmo procedimento da fase anterior e pede para fazer avaliação.

4. Zip, Bop, Zum

Objetivo

Exploração do lúdico descontraindo, aquecendo e integrando o grupo.

Competências observáveis

Atenção, concentração, agilidade, prontidão, autoplanejamento, humor, rendimento sob pressão.

Materiais

Nenhum.

Duração

Aproximadamente 20 minutos.

Tamanho do grupo

Até 20 participantes.

Desenvolvimento

Grupo em pé e em círculo. O facilitador informa sobre as formas de comunicação que os participantes terão nesta dinâmica:

- Ao dirigir-se para o colega da esquerda deverão dizer: ZIP.
- Ao dirigir-se para o colega da direita deverão dizer: BOP.
- Quando falamos ZIP para o colega da esquerda está com ele e ele terá duas possibilidades, falar ZIP para o colega da esquerda ou BOP para o da direita, que repetirá o mesmo procedimento.
- Após ter rodado todo o grupo com o ZIP, BOP, o facilitador introduz o terceiro elemento: ZUM.

- Cada participante terá uma terceira possibilidade quando for a vez dele. Poderá fazer contato visual com qualquer pessoa do grupo e falar ZUM, e está com quem recebeu o ZUM, que também terá três possibilidades: ZIP – BOP – ZUM.

5. Cadeira Livre

Objetivo:
Aquecer ou ativar o grupo. Atenção.

Competências observáveis:
Atenção, concentração, agilidade, integração, extravasão, reflexos.

Materiais:
Nenhum.

Duração:
Aproximadamente 20 minutos.

Tamanho do grupo:
Até 30 pessoas.

Desenvolvimento:
Coloque os participantes sentados em suas cadeiras, em círculo, tendo uma cadeira livre entre eles (caso sejam cadeiras universitárias, faça marcas no chão com fita adesiva, eliminando as cadeiras para evitar riscos de acidentes).

Para iniciar, os participantes que estão ao lado da cadeira vazia deverão disputar para sentar naquele espaço. Aquele que sentar primeiro, permanece ali e o outro volta para sua cadeira. Quem conseguiu sentar na cadeira disputada diz em voz alta: "Eu pulei com meu amigo..." (chama o nome de alguém do grupo). Quem for chamado deve sair do seu lugar e ocupar a cadeira ao lado de quem o chamou.

A cadeira que ele ocupava fica vazia e reinicia-se a disputa pelo lugar e toda a troca de cadeiras, como já explicado.

Após a compreensão do mecanismo de trocas de lugar, pode-se colocar mais cadeiras livres para agitar o jogo.

6. Pântano

Objetivo

Estimular situações de cooperação grupal.

Competências observáveis

Trabalho em equipe, espírito de equipe, foco em resultados, visão global, apoio, suporte, cultura do *nós*.

Materiais

Fita adesiva.

Duração

40 minutos.

Tamanho do grupo

Qualquer número de pessoas.

Desenvolvimento

Trace dois colchetes com alguns círculos do mesmo tamanho entre eles (tamanho adequado ao número de participantes: nem muito grande, mas não muito pequeno), conforme desenho:

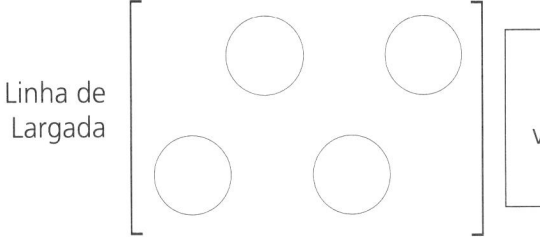

Linha de Largada [○ ○ ○ ○]   Comida e água à vontade para todos

Os colchetes representam as margens de um pântano.

Os círculos representam pedras que ligam uma margem à outra.

Peça que imaginem que estão perdidos no pântano com fome e sede, e devem alcançar a outra margem, onde se encontram comida e água. A única forma de chegar à outra margem é pelas pedras, pois fora delas, afundarão na areia movediça.

Somente poderão passar de uma pedra para outra quando todos os participantes estiverem em cima da atual. Se durante o percurso algum elemento cair da pedra, o grupo deve retornar ao início.

Avaliação

- ❑ Questione como foi trabalhar em grupo, quais as expectativas com relação aos colegas.
- ❑ Questione como se organizaram para conseguir realizar a tarefa, se todos participaram.
- ❑ Como avaliou sua participação no jogo?

7. Jogo do Dardo

Objetivo

Promover o planejamento de uma atividade e a realização da mesma pelo grupo, identificando erros e acertos durante a sua realização.

Competências observáveis

Planejamento estratégico, trabalho em equipe, equilíbrio emocional, saber ouvir, resistência à frustração, rendimento sob pressão, administração do tempo, foco em resultados.

Materiais

Jogo do dardo e folha de instruções.

Duração

30 minutos.

Tamanho do grupo

Até 30 pessoas, divididos em subgrupos de até 10 participantes.

Desenvolvimento

- ❑ Formar os times.

- ❏ Cada time deverá estabelecer rapidamente uma meta de quantos pontos conseguirão fazer em 2 minutos, sem tocar no jogo.
- ❏ Um time será o juiz do outro e terá como compromisso ser justo.

Pontuação

Seta na cor preta	25 pontos
Seta na cor amarela	50 pontos
Seta na cor vermelha	100 pontos
Seta que não fixa no dardo	Perde 50 pontos

Estabelecimento de meta

1º tempo	Time 1	Time 2	Time 3
Meta			
Realizado			
2º tempo			
Meta			
Realizado			

Marcando a pontuação: coloque um X para cada ponto marcado

Pontuação	1º tempo	2º tempo
Seta na cor preta		
Seta na cor amarela		
Seta na cor vermelha		
Seta que não fixou no dardo		

Anotações...

8. Dizendo por Dizer

Objetivo
Conduzir as pessoas a formar um raciocínio individualmente e compartilhar com o grupo.

Competências observáveis
Fluência verbal, raciocínio lógico, clareza, objetividade, capacidade de síntese, valores, comunicação e expressão verbal, transparência, autoconfiança, extroversão, coragem etc.

Materiais
Frases para distribuir.

Duração
Aproximadamente 40 minutos.

Tamanho do grupo
Até 12 participantes.

Desenvolvimento
Cada participante recebe ou escolhe duas frases. É dado um prazo de cinco minutos para que organizem as idéias, para que cada um fale sobre as frases, concordando ou discordado delas, justificando o porquê.

1. Sorria. O sorriso ajuda-nos a descobrir motivos de alegria em volta de nós. Nossa alegria contagia outros, e a vida fica melhor.
2. Sem a sua presença, faltaria algo muito importante para a alegria do encontro de hoje. Você é, por isso, bem vindo no grupo.
3. Quais são as maiores dificuldades para você se comunicar? Acha que o grupo pode ajudá-lo(a) a superá-las? Aproveite as oportunidades.
4. Vale mais ajudar do que repreender, estimular do que criticar, apoiar do que combater. Construa o mundo com sua solidariedade.
5. Corrige-se mais amando do que julgando e censurando.

6. O valor da pessoa humana não se calcula em dinheiro. Não há dinheiro que pague. Sem você o mundo seria menos belo e menos feliz. Sinta-se bem no mundo.

7. Vale mais a chama humilde de uma vela do que o clarão de um raio... Seja vela. Seja lâmpada humilde e amiga.

8. Todos precisamos muito mais de amigos que nos compreendam e apóiem, do que de juizes que nos apontem os erros.

9. Mais vale acender uma luzinha do que amaldiçoar a escuridão.

10. Descubra cada dia um motivo novo para gostar de viver.

11. Cada pessoa do grupo é diferente. O conjunto constitui a harmonia das partes. Como no arco-íris. Vejam em cada pessoa uma tonalidade. Desfrute este encanto.

12. Confie em você mesmo(a). Quem sabe, haja em você potencialidades fabulosas que ainda não descobriu suficientemente. O grupo poderá ajudá-lo(a).

13. Talvez o encontro de hoje lhe reserve alguma surpresa, por exemplo, a descoberta de que você pode se comunicar mais. Fique atento(a).

14. À medida que você gostar mais de você e confiar mais nos outros, a vida se tornará mais bela.

9. Jogo do Repórter

Objetivo

Conduzir os participantes a entrevistarem uns aos outros com objetivo de ter respostas rápidas e criativas.

Competências observáveis

Criatividade, agilidade, rendimento sob pressão, rapidez de raciocínio.

Materiais

Algo que funcione como um microfone.

Anotações...

Duração

Aproximadamente 20 minutos.

Tamanho do grupo

Até 20 participantes.

Desenvolvimento

Pergunta: O que você acha de São Paulo?

Todos deverão responder a pergunta acima, encarnando o personagem que for sorteado:

Personagens:

- Jardim da Luz
- Rio Tietê
- Uma criança paulistana
- Parque do Ibirapuera
- Um paulistano
- Prefeita Marta Suplicy
- Sala São Paulo
- Um idoso paulistano
- Avenidas Marginais
- Hospital das Clínicas de São Paulo
- Teatro Municipal
- Um brasileiro que mora em São Paulo
- Uma árvore da Praça da República
- Shoping Ibirapuera
- Pombos da Praça da Sé
- Mãe de família da classe trabalhadora
- Polícia de São Paulo

- Vizinho do "Minhocão"
- Meninos de rua
- Celebridade política de São Paulo
- Motorista de ônibus
- Médico do IML (Instituto Médico Legal)
- Um estrangeiro que mora em São Paulo

10. Projeto com Equipe Multifuncional

Objetivo
Organização e formação de grupo para desenvolvimento de projetos.

Competências observáveis
Organização, planejamento, trabalho em equipe, espírito de equipe, criatividade, sinergia, consenso, saber ouvir, flexibilidade, foco em resultados, foco no cliente.

Material
Papel e canetas, folha de *flip chart*.

Duração
Aproximadamente 45 minutos.

Desenvolvimento
O facilitador solicita aos participantes que desenvolvam alguns projetos. Serão divididos em equipes e cada equipe escolherá o projeto que pretende desenvolver entre a relação oferecida pelo facilitador, que poderá ser:

- ❑ Organização do grêmio.
- ❑ Organizar uma equipe de teatro com funcionários.
- ❑ Organizar um coral.
- ❑ Organizar times esportivos (futebol, basquete etc).

Anotações...

- Organizar um comitê para implementar um projeto novo.
- Trabalho social na comunidade.

Coloca-se o nome de cada equipe no *flip* e o projeto escolhido. Cada equipe deverá:

- Escolher um coordenador.
- Desenvolver o projeto em tempo combinado.
- Apresentar o projeto para assembléia (outras equipes).
- Receber o retorno da assembléia.
- Fazer uma autoavaliação.

Ferramenta 5 – Avaliação de Desempenho do Período Experimental de Admissão

Data da entrega ___/___/___	Data da devolução ___/___/___	Depto. de Recursos Humanos
Nome do colaborador	Data de admissão	Cargo
Área	Departamento	Avaliador

Instruções

1. Esta é uma sugestão de avaliação de desempenho de um novo funcionário. O resultado influenciará a contratação ou o desligamento definitivo do colaborador junto à empresa.
2. O foco da avaliação será na análise do desempenho durante o período de experiência e na decisão de uma contratação de sucesso.
3. *Escolha apenas uma frase de cada item, assinalando-a com um X.*
4. No caso de nenhuma frase coincidir com a sua escolha, faça opção pela que mais se aproxima do que você escolheria.
5. Fique atento à data de devolução para não atrasar o projeto.

Competência	Indicadores de competência	X
Flexibilidade adaptação ao trabalho	Adaptação do funcionário à equipe, às atribuições e à cultura da empresa.	
	Tem se esforçado para integrar-se à equipe, ao trabalho e à cultura da empresa.	

Anotações...

Anotações...

Competência	Indicadores de competência	X
	Suas características pessoais são incompatíveis aos requisitos do cargo e à cultura da empresa.	
	Tem perfil comportamental oposto ao solicitado e demonstra grande dificuldade de adaptação com o cargo e a cultura da empresa.	
	Está completamente integrado à equipe e às atribuições do cargo e às normas e políticas da empresa.	
Interesse e compromisso	**Nível de entusiasmo demonstrado pelo trabalho que realiza.**	
	Demonstra total interesse pelo emprego e pelos seus resultados	
	Demonstra interesse normal para um novo colaborador que está em fase de adaptação.	
	Demonstra ser uma pessoas que perde o estímulo com facilidade, necessitando de constantes doses de motivação.	
	Mostra ser uma pessoa apática, sem nenhum entusiasmo pelo trabalho.	
Relacionamento interpessoal	**Capacidade de integra-se ao novo grupo de trabalho.**	
	Esforça-se muito para se integrar à equipe de trabalho.	
	Integrou-se à equipe com muita facilidade.	
	Sente-se rejeitado pela equipe, tem muita dificuldade de integração.	

Competência	Indicadores de competência	X
	Em pouco tempo tornou-se uma pessoa importantíssima para equipe, está totalmente integrado.	
Capacidade de aprendizagem	Facilidade de absorver novas informações e colocá-la na prática em suas novas atribuições	
	Esforça-se muito para aprender, mesmo assim é necessário repetir várias vezes a mesma informação.	
	Demonstra muita habilidade nas atividades. Executa suas atribuições sem falhas.	
	Parece aprender com facilidade suas novas tarefas.	
	Tem tanta dificuldade para aprender as tarefas que parece não ter a menor capacidade para o trabalho.	
Competências comportamentais incompatíveis com o cargo:		
Competências técnicas incompatíveis com o cargo:		
Outras observações		
Observações:		

Anotações...

Anotações...	
	Quais os aspectos mais favoráveis do funcionário?
	Quais os aspectos menos favoráveis do funcionário?
	Quais orientações devem ser dadas ao funcionário?
	Devolutiva ao funcionário:
	Reação do funcionário à devolutiva:
	De maneira geral, como o funcionário pode ser classificado: ( ) Fraco, sem possibilidades futuras. ( ) Tem algumas possibilidades. ( ) Possui ótimas perspectivas para o futuro. ( ) É uma excelente aquisição para a empresa.

Conclusão:

( ) Demitir.
( ) Efetivar.
( ) 30 dias em caráter experimental.

Data ___/___/___   Responsável pela avaliação

Anotações...

Conclusão

As ferramentas acima foram inspiradas em duas variáveis:

1. No brilhantismo de vários autores de muita expressão no mercado, como Paul Green, Claus Muller, Kennety Blanchard, Cecília Bergamini e outros.

2. Em situações problemas apresentadas pelos clientes em busca de aperfeiçoamento para fazer gestão de pessoas com objetividade através de ferramentas personalizadas e mensuráveis.

Todas as ferramentas são flexíveis e podem ser adaptadas sob medida para a realidade de cada empresa e de cada equipe.

Tive o cuidado de insistir no fato de que nenhuma ferramenta, por maior que seja sua eficácia, não funcionará se as pessoas não forem estrategicamente treinadas e preparadas para utilizá-las com sucesso, tendo como objetivo principal desenvolver e aperfeiçoar pessoas.

O objetivo principal deste livro é atender ao RH e gestores que querem realizar um trabalho de qualidade na sua Gestão de Pessoas e que ainda não estão instrumentalizados para isto.

Espero que com estas informações esteja oferecendo uma pequena parcela de contribuição para o desenvolvimento e o foco em Gestão de Pessoas com foco em Competências.

Anotações...

Ao ler o livro, querendo contribuir com a sua preciosa opinião, entre no site www.rabaglio.com.br e acesse a página "Fale Conosco". Teremos o maior prazer em receber *feedbacks* construtivos e positivos.

Minha admiração e meu afeto a todos que compartilham de ações de desenvolvimento de pessoas.

Maria Odete Rabaglio

Bibliografia

Leonardo E. Wolk é Psicólogo pela Universidade de Buenos Aires e realizou estudos complementares em Pensamento Sistêmico, Ontológicos, *Coaching* e Transformacional, Psicodrama, Aprendizagem Organizacional e Técnica de Dinâmica de Grupos, entre outros.

Como avaliar sua Equipe – série sucesso profissional – Ken Langdon e Christina Osborne – Publifolha – 2001.

Livro das Competências - Ênio Rezende – Ed. Qualitymark – 2000

Gestão Estratégica e Avaliação de Desempenho – Ed. Qualitymark – 2002

Desenvolvendo Competências Consistentes – Paul C. Green - Ed. Qualitymark – 2000

Avaliação de Desempenho Humano na Empresa – Cecília W. Bergamini e Deobel Garcia R. Beraldo – Ed. Atlas– 4ª ed. – 1988

Avaliação 360 Graus – Germano Glufke Reis – Ed. Atlas – 2ª ed. 2003

Feedback – Roland & Francês Bee – Ed. Nobel – 2001

Coach – Ane Araújo –

Comunicação sem medo – Eunice Mendes & L. A Costacurta Junqueira – Ed. Infinito – 3ª ed. – 1999

SOS Dinâmica de Grupo – Albigenor e Rose Militão – Ed. Qualitymark – 1999

Remuneração por Habilidades e Competências – Thomaz Wood Jr. e Vicente Picarelli Filho – Ed. Atlas – 1999

QUALITYMARK EDITORA

Entre em sintonia com o mundo

QualityPhone:
0800-0263311
Ligação gratuita

Qualitymark Editora
Rua Teixeira Júnior, 441 - São Cristóvão
20921-405 - Rio de Janeiro - RJ
Tel.: (21) 3295-9800
Fax: (21) 3295-9824
www.qualitymark.com.br
E-mail: quality@qualitymark.com.br

Dados Técnicos:

• Formato:	22 x 22 cm
• Mancha:	13 x 18 cm
• Fonte:	Souvenir Lt BT
• Corpo:	12,5
• Entrelinha:	15
• Total de Páginas:	144
• 4ª Edição:	2015
• Impressão:	GrupoSmartPrinter